中华国学经典精粹

阅微草堂笔记

[清] 纪昀 著
郑伟光 注

北京联合出版公司
Beijing United Publishing Co.,Ltd.

图书在版编目（CIP）数据

阅微草堂笔记 /（清）纪昀著；郑伟光注．—北京：北京联合出版公司，2016.9（2019.5 重印）

（中华国学经典精粹）

ISBN 978-7-5502-8788-4

Ⅰ．①阅… Ⅱ．①纪… ②郑… Ⅲ．①笔记小说－小说集－中国－清代 ②《阅微草堂笔记》－通俗读物 Ⅳ．① Z429.441-49

中国版本图书馆 CIP 数据核字（2016）第 238754 号

阅微草堂笔记

作　　者：纪　昀
责任编辑：李　伟
封面设计：颜　森

北京联合出版公司出版
（北京市西城区德外大街 83 号楼 9 层　100088）
北京华夏墨香文化传媒有限公司发行
三河市东兴印刷有限公司印刷　新华书店经销
字数 130 千字　880 毫米 ×1230 毫米　1/32　5 印张
2019 年 5 月第 3 版　2019 年 5 月第 4 次印刷
ISBN 978-7-5502-8788-4
定价：36.00 元

前言

志怪小说是中国古典小说的形式之一，以神异鬼怪故事为主要内容，最早兴盛于魏晋南北朝时期，东晋干宝的《搜神记》是其集大成者。志怪小说对后代文学有着深远影响，唐传奇便是在志怪基础上加以繁衍扩展，形成的着意虚构而又怪诞离奇的长篇。至于明代的神魔小说如《西游记》《封神演义》等，莫不与志怪小说一脉相承。

到了清代，志怪小说再次盛行，最著名的莫过于蒲松龄的《聊斋志异》。《聊斋志异》风行逾百年之后，纪昀的《阅微草堂笔记》又横空出世，与之分庭抗礼。

纪昀（1724—1805），字晓岚，直隶献县（今属河北）人，曾任四库全书馆总纂官，纂定《四库全书总目提要》，官至礼部尚书、兵部尚书、协办大学士、太子少保，嘉庆帝御赐碑文“敏而好学可为文，授之以政无不达”，谥号文达。

《阅微草堂笔记》是纪昀晚年所作，包括《滦阳消夏录》六卷、《如是我闻》《槐西杂志》《姑妄听之》各四卷、《滦阳续录》六卷，自乾隆五十四年（1789）至嘉庆三年（1798）陆续写成，前后历时近十年。这五部书皆曾各自刊印，嘉庆五年（1800），纪昀的学生盛时彦将其校订合刊，定名为《阅微草堂笔记五种》，全书共二十四卷，约四十万字。

纪昀一生居官清要，基本上是一帆风顺的，因此他不可能像蒲松龄那样，以平民的眼光来看世界，怀着孤愤去揭露种种时弊，或带着仇恨去抨击封建统治。他创作的目的首先在于劝世，正如盛时彦在序文中说：“大旨要归于醇正，欲使人知所劝惩。”纪昀自己说：“小说稗官，知无关于著述；街谈巷议，或有益于劝惩。”（《滦阳消夏录·序》）因此，在每则故事结尾处他总会来几句短评，以衡平的语气评断其事，这些评语耐人寻味，发人深省。

《阅微草堂笔记》有意模仿晋宋笔记小说质朴简淡的文风，其内容却超脱了作者本人的局限。鲁迅在《中国小说史略》中曾给予很高的评价：“惟纪昀本长文笔，多见秘书，又襟怀夷旷，故凡测鬼神之情状，发人间之幽微，托狐鬼以抒己见者，隽思妙语，时足解颐；间杂考辨，亦有灼见。叙述复雍容淡雅，天趣盎然，故后来无人能夺其席，固非仅借位高望重以传者矣。”书中记述若真若假，不仅借由志怪描写折射出当时官场的腐朽昏暗，进而反对宋儒的空谈性理疏于实践，并讽刺道学家的虚伪矫作卑鄙，揭露社会人心贪婪枉法及保守迷信，而且，对于社会下层的广大人民的悲惨境遇，在笔调中也表达出深刻的同情与悲悯。

《阅微草堂笔记》虽然辨析事理精妙入微，但有时议论说教过多，游离于故事情节之外，不免使其艺术价值大打折扣。因此，我们对原书进行了删减，保留其最精华的部分进行校注，以飨读者。不过，编选者水平有限，疏漏之处在所难免，敬希广大读者惠予指正！

目录

原序

文以载道，儒者无不能言之。夫道岂深隐莫测，秘密不传，如佛家之心印，道家之口诀哉？万事当然之理，是即道矣。故道在天地，如汞泻地，颗颗皆圆；如月映水，处处皆见。大至于治国平天下，小至于一事一物、一动一言，无乎不在焉。文，其道之一端也。文之大者为六经，固道所寄矣；降而为列朝之史，降而为诸子之书，降而为百氏之集，是又文中之一端，其言足以明道；再降而稗官小说，似无与于道矣，然《汉书·艺文志》列为一家，历代书目亦皆著录，岂非以荒诞悖妄者？虽不足数，其近于正者，于人心世道亦未尝无所裨欤！

河间先生以学问文章负天下重望，而天性孤直，不喜以心性空谈标榜门户；亦不喜才人放诞诗社酒社，夸名士风流。是以退食之馀，惟耽怀典籍，老而懒于考索，乃采掇异闻，时作笔记，以寄所欲言。《滦阳消夏录》等五书，俶诡奇谲[①]，无所不载，洸洋恣肆[②]，无所不言，而大旨要归于醇正，欲使人知所劝惩。故诲淫导欲之书，以佳人才子相矜者，虽纸贵一时，终渐归湮没；而先生之书，则梨枣屡镌，久而不厌，是则华实不同之明验矣。顾翻刻者众，讹误实繁，且有妄为标目，如明人之刻《冷斋夜话》者，读者病焉。

时彦夙从先生游，尝刻先生《姑妄听之》，附跋书尾，先生颇以为知言。迩来诸板益漫漶[③]，乃请于先生，合五书为一编，而仍各存其原第；篝灯手校，不敢惮劳。又请先生检视一过，然后摹印。虽先生之著作不必借此刻以传，然鱼、鲁之舛差稀[④]，于先生教世之本志，或亦不无小补云尔。嘉庆庚申[⑤]八月，门人北平盛时彦谨序。

【注释】

①俶（chù）诡奇谲：古怪奇异。 ②洸（guāng）洋恣肆：文势浩大，无所拘束。 ③漫漶（huàn）：模糊不清。 ④鱼、鲁之舛差稀：将“鱼”误写成“鲁”，泛指文字错讹。 ⑤嘉庆庚申：嘉庆五年，即1800年。

卷一 滦阳消夏录一

乾隆己酉[①]夏，以编排秘籍，于役滦阳。时校理久竟，特督视官吏题签庋架[②]而已。昼长无事，追录见闻，忆及即书，都无体例。小说稗官，知无关于著述；街谈巷议，或有益于劝惩。聊付抄胥[③]存之，命曰《滦阳消夏录》云尔。

【注释】

①乾隆己酉：乾隆五十四年（1789）。②庋（guǐ）架：放置在架上。③抄胥：专职抄写的小官。

胡御史牧亭言：其里有人畜一猪，见邻叟辄瞋目狂吼，奔突欲噬，见他人则否。邻叟初甚怒之，欲买而啖其肉。既而憬然省曰："此殆佛经所谓夙冤耶！世无不可解之冤。"乃以善价赎得，送佛寺为长生猪。后再见之，弭耳昵就，非复曩[①]态矣。尝见孙重画伏虎应真，有巴西李衔题曰："至人骑猛虎，驭之犹骐骥[②]。岂伊本驯良，道力消其鸷[③]。乃知天地间，有情皆可契。共保金石心，无为多畏忌。"可为此事作解也。

【注释】

①曩（nǎng）：以往。②骐骥（qí jì）：千里马。③鸷：凶猛。

沧州刘士玉孝廉，有书室为狐所据。白昼与人对语，掷瓦石击人，但不睹其形耳。知州平原董思任，良吏也，闻其事，自往驱之。方盛陈人妖异路之理，忽檐际朗言曰："公为官颇爱民，亦不取钱，故我不敢击公。然公爱民乃好名，不取钱乃畏后患耳，故我亦不避公。公休矣，毋多言取困。"董狼狈而归，咄咄不怡者数日。刘一仆妇甚粗蠢，独不畏狐，狐亦不击之。或于对语时，举以问狐。狐曰："彼虽下役，乃真孝妇也。鬼神见之犹敛避，况我曹[①]乎！"刘乃令仆妇居此室，狐是日即去。

【注释】

①我曹：我辈。

爱堂先生言：闻有老学究夜行，忽遇其亡友。学究素刚直，亦不怖畏，问："君何往？"曰："吾为冥吏，至南村有所勾摄，适同路耳。"因并行。至一破屋，鬼曰："此文士庐也。"问何以知之。曰："凡人白昼营

松鶴長春

诸生诵读之声，如在浓云密雾中。
实未见光芒，不敢妄语。

营，性灵汩没[①]。惟睡时一念不生，元神朗彻，胸中所读之书，字字皆吐光芒，自百窍而出，其状缥缈缤纷，烂如锦绣。学如郑、孔，文如屈、宋、班、马者，上烛霄汉，与星月争辉；次者数丈，次者数尺，以渐而差；极下者亦荧荧如一灯，照映户牖[②]。人不能见，惟鬼神见之耳。此室上光芒高七八尺，以是而知。”学究问：“我读书一生，睡中光芒当几许？”鬼嗫嚅良久曰：“昨过君塾，君方昼寝。见君胸中高头讲章一部，墨卷五六百篇，经文七八十篇，策略[③]三四十篇，字字化为黑烟，笼罩屋上。诸生诵读之声，如在浓云密雾中。实未见光芒，不敢妄语。”学究怒叱之，鬼大笑而去。

【注释】

①汩没：沉没。 ②户牖（yǒu）：门窗。 ③策略：古代科举的一种文体。

沧州城南上河涯，有无赖吕四，凶横无所不为，人畏如狼虎。一日薄暮，与诸恶少村外纳凉，忽隐隐闻雷声，风雨且至。遥见似一少妇，避入河干古庙中。吕语诸恶少曰：“彼可淫也。”时已入夜，阴云黯黑。吕突入，掩其口，众共褫衣沓嬲[①]。俄电光穿牖，见状貌似是其妻，急释手问之，果不谬。吕大恚，欲提妻掷河中。妻大号曰：“汝欲淫人，致人淫我，天理昭然，汝尚欲杀我耶？”吕语塞，急觅衣裤，已随风吹入河流矣。旁皇无计，乃自负裸妇归。云散月明，满村哗笑，争前问状。吕无可置对，竟自投于河。盖其妻归宁，约一月方归。不虞母家遘回禄[②]，无屋可栖，乃先期返。吕不知，而搆此难。后妻梦吕来曰：“我业重，当永堕泥犁。缘生前事母尚尽孝，冥官检籍，得受蛇身，今往生矣。汝后夫不久至，善事新姑嫜；阴律不孝罪至重，毋自蹈冥司汤镬[③]也。”至妻再醮[④]日，屋角有赤练蛇垂首下视，意似眷眷。妻忆前梦，方举首问之，俄闻门外鼓乐声，蛇于屋上跳掷数四，奋然去。

【注释】

①褫（chǐ）衣沓嬲（niǎo）：脱去衣服相继戏弄。 ②遘（gòu）回禄：遇到火灾。遘，遭遇；回禄，为火神之名，引申为火灾。 ③汤镬（huò）：烧水大锅，一种刑具，用来烹煮罪人。 ④再醮（jiào）：女子再嫁。

献县周氏仆周虎，为狐所媚，二十馀年如伉俪。尝语仆曰：“吾炼形已四百馀年，过去生中，于汝有业缘当补，一日不满，即一日不得生天。缘尽，吾当去耳。”一日，輾然[①]自喜，又泫然自悲，语虎曰：“月之十九日，吾缘尽当别。已为君相一妇，可聘定之。”因出白金付虎，俾[②]备礼。自是狎昵燕婉，逾于平日，恒形影不离。至十五日，忽晨起告别。虎怪其先期，狐泣曰：“业缘一日不可减，亦一日不可增，惟迟早则随所遇耳。吾留此三日缘，为再一相会地也。”越数年，果再至，欢洽三日而后去。临行呜咽曰：“从此终天诀矣！”陈德音先生曰：“此狐善留其有馀，惜福者当如是。”刘季箴则曰：“三日后终须一别，何必暂留？此狐炼形四百年，尚未到悬崖撒手地位，临事者不当如是。”余谓二公之言，各明一义，各有当也。

【注释】

①辗（chǎn）然：笑眯眯的样子。 ②俾（bǐ）：让，使。

献县令明晟，应山人。尝欲申雪一冤狱，而虑上官不允，疑惑未决。儒学门斗[①]有王半仙者，与一狐友，言小休咎[②]多有验，遣往问之。狐正色曰：“明公为民父母，但当论其冤不冤，不当问其允不允。独不记制府李公之言乎？”门斗返报，明为悚然[③]。因言制府李公卫未达时，尝同一道士渡江。适有与舟子争诟者，道士太息曰：“命在须臾，尚较计数文钱耶！”俄其人为帆脚所扫，堕江死，李公心异之。中流风作，舟欲覆。道士禹步诵咒，风止得济。李公再拜谢更生。道士曰：“适堕江者，命也，吾不能救。公贵人也，遇厄得济，亦命也，吾不能不救。何谢焉？”李公又拜曰：“领师此训，吾终身安命矣。”道士曰：“是不尽然。一身之穷达，当安命，不安命则奔竞排轧，无所不至。不知李林甫、秦桧，即不倾陷善类，亦作宰相，徒自增罪案耳。至国计民生之利害，则不可言命。天地之生才，朝廷之设官，所以补救气数也。身握事权，束手而委命，天地何必生此才，朝廷何必设此官乎？晨门[④]曰：‘是知其不可而为之。’诸葛武侯曰：‘鞠躬尽瘁，死而后已。成败利钝，非所逆睹。’此圣贤立命之学，公其识之。”李公谨受教，拜问姓名。道士曰：“言之恐公骇。”下舟行数十步，翳然灭迹。昔在会城，李公曾话是事，不识此狐何以得知也。

【注释】

①门斗：官学中的仆役。 ②休咎：吉凶。 ③悚（sǒng）然：惊悚的样子。 ④晨门：守城门的人。

宁波吴生，好作北里游[①]。后昵一狐女，时相幽会，然仍出入青楼间。一日，狐女请曰：“吾能幻化，凡君所眷，吾一见即可肖其貌。君一存想，应念而至，不逾于黄金买笑乎？”试之，果倾刻换形，与真无二。遂不复外出。尝语狐女曰："眠花藉柳，实惬人心。惜是幻化，意中终隔一膜耳。"狐女曰："不然。声色之娱，本电光石火，岂特吾肖某某为幻化，即彼某某亦幻化也。岂特某某为幻化，即妾亦幻化也。即千百年来，名姬艳女，皆幻化也。白杨绿草，黄土青山，何一非古来歌舞之场。握雨携云，与埋香葬玉、别鹤离鸾[②]，一曲伸臂顷耳。中间两美相合，或以时刻计，或以日计，或以月计，或以年计，终有诀别之期。及其诀别，则数十年而散，与片刻暂遇而散者，同一悬崖撒手，转瞬成空。倚翠偎红，不皆恍如春梦乎？即夙契原深，终身聚首，而朱颜不驻，白发已侵，一人之身，非复旧态。则当时黛眉粉颊，亦谓之幻化可矣，何独以妾肖某某为幻化也。"吴洒然有悟。后数岁，狐女辞去，吴竟绝迹于狎游。

【注释】

①北里游：寻花问柳。唐代长安城中北里为著名的烟花柳巷，故有"北里游"之说。 ②别鹤离鸾：比喻离散夫妻。

天津某孝廉，与数友郊外踏青，皆少年轻薄。见柳阴中少妇骑驴过，欺其无伴，邀众逐其后，嫚语[①]调谑。少妇殊不答，鞭驴疾行。有两三人先追及，少妇忽下驴软语，意似相悦。俄某与三四人追及，审视，正其妻也。但妻不解骑，是日亦无由至郊外。且疑且怒，近前诃之，妻嬉笑如故。某愤气潮涌，奋掌欲掴其面。妻忽飞跨驴背，别换一形，以鞭指某数曰："见他人之妇，则狎亵百端；见是己妇，则恚恨如是。尔读圣贤书，一恕字尚不能解，何以挂名桂籍[②]耶？"数讫径行。某色如死灰，殆僵立道左，不能去。竟不知是何魅也。

【注释】

①嫚（màn）语：侮辱的言语。 ②挂名桂籍：指代中举。

德州田白岩曰：有额都统者，在滇黔间山行，见道士按一丽女于石，欲剖其心。女哀呼乞救。额急挥骑驰及，遽格道士手，女嗷然[①]一声，化火光飞去。道士顿足曰："公败吾事！此魅已媚杀百馀人，故捕诛之以除害。但取精已多，岁久通灵，斩其首则神遁去，故必剖其心乃死。公今纵之，又贻患无穷矣。惜一猛虎之命，放置深山，不知泽麋林鹿，劘[②]其牙者几许命也！"匣其匕首，恨恨渡溪去。此殆白岩之寓言，即所谓一家哭，何如一路哭也。姑容墨吏，自以为阴功，人亦多称为忠厚；而穷民之卖儿贴妇，皆未一思，亦安用此长者乎？

【注释】

①噭（jiào）然：声音激越状。 ②劘（mó）：削切。

陈云亭舍人[1]言：有台湾驿使[2]宿馆舍，见艳女登墙下窥，叱索无所睹。夜半琅然有声，乃片瓦掷枕畔。叱问是何妖魅，敢侮天使。窗外朗应曰："公禄命重，我避公不及，致公叱索，惧干神谴，惴惴至今。今公睡中萌邪念，误作驿卒之女，谋他日纳为妾。人心一动，鬼神知之。以邪召邪，神不得而咎我，故投瓦相报。公何怒焉？"驿使大愧沮，未及天曙，促装去。

【注释】

①舍人：官名，天子的侍卫。显贵子弟也俗称"舍人"。 ②驿使：本为驿站传送文书的人，此处指朝廷派往台湾的特使。

曹司农竹虚言：其族兄自歙[1]往扬州，途经友人家，时盛夏，延坐书屋，甚轩爽。暮欲下榻其中，友人曰："是有魅，夜不可居。"曹强居之。夜半，有物自门隙蠕蠕入，薄如夹纸。入室后，渐开展作人形，乃女子也。曹殊不畏。忽披发吐舌，作缢鬼状。曹笑曰："犹是发，但稍乱；犹是舌，但稍长。亦何足畏！"忽自摘其首置案上。曹又笑曰："有首尚不足畏，况无首耶！"鬼技穷，倏然灭。及归途再宿，夜半门隙又蠕动。甫露其首，辄唾曰："又此败兴物耶！"竟不入。此与嵇中散事相类。夫虎不食醉人，不知畏也。大抵畏则心乱，心乱则神涣，神涣则鬼得乘之。不畏则心定，心定则神全，神全则沴戾[2]之气不能干。故记中散是事者，称"神志湛然，鬼惭而去"。

【注释】

①歙（shè）：歙县，地名，在安徽东南部。 ②沴（lì）戾：因气不和而生出的灾害，引申为妖邪或瘟疫。

先祖母张太夫人，畜一小花犬。群婢患其盗肉，阴搤[1]杀之。中一婢曰柳意，梦中恒见此犬来啮，睡辄呓语。太夫人知之，曰："群婢共杀犬，何独衔冤于柳意？此必柳意亦盗肉，不足服其心也。"考问果然。

【注释】

①搤：同"扼"。

德州宋清远先生言：吕道士，不知何许人，善幻术，尝客田山薑司农家。值朱藤盛开，宾客会赏。一俗士言词猥鄙，喋喋不休，殊败人意。一少年性轻脱，厌薄尤甚，斥勿多言。二人几攘臂[1]。一老儒和解之，俱不听，亦愠形于色。满座为之不乐。道士耳语小童，取纸笔，画三符焚之，三人忽皆起，在院中旋折数四。俗客趋东南隅坐，喃喃自语。听之，乃与妻妾谈家事。俄左右回顾若和解，俄怡色自辩，俄作引罪状，俄屈一膝，俄两膝并屈，俄叩首不已。视少年，则坐西南隅花栏上，流目送盼，妮妮软语。俄嬉笑，俄谦谢，俄低唱《浣纱记》，呦呦不已。手自按拍，备诸冶荡之态。老儒则端坐石磴上，讲《孟子》“齐桓、晋文之事”一章。字剖句析，指挥顾盼，如与四五人对语。忽摇首曰“不是”，忽瞋目曰“尚不解耶”，咯咯痨嗽仍不止。众骇笑，道士摇手止之。比酒阑，道士又焚三符。三人乃惘惘痴坐，少选始醒，自称不觉醉眠，谢无礼。众匿笑散。道士曰：“此小术，不足道。叶法善引唐明皇入月宫，即用此符。当时误以为真仙，迂儒又以为妄语，皆井底蛙耳。”后在旅馆，符摄一过往贵人妾魂。妾苏后，登车识其路径门户，语贵人急捕之，已遁去[2]。此《周礼》所以禁怪民欤！

【注释】

①攘臂：捋起衣袖，伸出胳膊。常形容激奋貌。 ②遁（dùn）去：逃走。

交河老儒及润础，雍正乙卯[1]乡试。晚至石门桥，客舍皆满，惟一小屋，窗临马枥[2]，无肯居者，姑解装焉。群马跳踉，夜不得寐。人静后，忽闻马语。及爱观杂书，先记宋人说部中有堰下牛语事，知非鬼魅，屏息听之。一马曰：“今日方知忍饥之苦。生前所欺隐草豆钱，意在何处？”一马曰：“我辈多由圉人[3]转生，死者方知，生者不悟，可为太息！”众马皆呜咽。一马曰：“冥判亦不甚公，王五何以得为犬？”一马曰：“冥卒曾言之，渠一妻二女并淫滥，尽盗其钱与所欢，当罪之半矣。”一马曰：“信然，罪有轻重，姜七堕豕身，受屠割，更我辈不若也。”及忽轻嗽，语遂寂。及恒举以戒圉人。

【注释】

①雍正乙卯：雍正十三年，即1735年。 ②马枥：马槽。 ③圉（yǔ）人：养马人。

有某生在家，偶晏起[1]，呼妻妾不至。问小婢，云并随一少年南去矣。露刃追及，将骈斩之，少年忽不见。有老僧衣红袈裟，一手托钵，一手振锡杖，格其刀曰：“汝尚不悟耶？汝利心太重，忮忌[2]心太重，机巧心太重，而能使人终不觉。鬼神忌隐恶，故判是二妇，使作此以报汝。彼何罪焉？”言讫亦隐。生默然引归。二妇云：“少年初不相识，亦未相悦，忽惘然如梦，随之去。”邻里亦曰：“二妇非淫奔者，又素不相得，岂肯随一人？且淫奔必避人，岂有白昼公行，缓步待追者耶？其为神谴信矣。”然终不能名其恶，真隐恶哉！

【注释】

①晏起：晚起。 ②忮（zhì）忌：嫉妒。

有僧游交河苏吏部次公家，善幻术，出奇不穷，云与吕道士同师。尝抟[①]泥为豕，咒之，渐蠕动；再咒之，忽作声；再咒之，跃而起矣。因付庖屠以供客，味不甚美。食讫，客皆作呕逆，所吐皆泥也。有一士因雨留同宿，密叩僧曰：“《太平广记》载术士咒片瓦授人，划壁立开，可潜至人闺阁中。师术能及此否？”曰：“此不难。”拾片瓦咒良久，曰：“持此可往。但勿语，语则术败矣。”士试之，壁果开。至一处，见所慕，方卸妆就寝。守僧戒，不敢语，径掩扉，登榻狎昵。妇亦欢洽，倦而酣睡。忽开目，则眠妻榻上也。方互相疑诘，僧登门数之曰：“吕道士一念之差，已受雷诛。君更累我耶！小术戏君，幸不伤盛德，后更无萌此念。”既而太息曰：“此一念，司命已录之。虽无大谴，恐于禄籍有妨耳。”士果蹭蹬[②]，晚得一训导，竟终于寒毡[③]。

【注释】

①抟（tuán）：将东西揉捏成团状。 ②蹭蹬：困顿。 ③寒毡：寒士清苦生活。

康熙中，献县胡维华以烧香聚众谋不轨。所居由大城、文安一路行，去京师三百馀里；由青县、静海一路行，去天津二百馀里。维华谋分兵为二，其一出不意，并程抵京师；其一据天津，掠海舟。利则天津之兵亦北趋，不利则遁往天津，登舟泛海去。方部署伪官，事已泄。官军擒捕，围而火攻之，龆龀[①]不遗。

初，维华之父雄于赀，喜周穷乏，亦未为大恶。邻村老儒张月坪，有女艳丽，殆称国色。见而心醉。然月坪端方迂执，无与人为妾理。乃延之教读。月坪父母柩在辽东，不得返，恒戚戚。偶言及，即捐金使扶归，且赠以葬地。月坪田内有横尸，其仇也。官以谋杀勘，又为百计申辩得释。一日，月坪妻携女归宁，三子并幼，月坪归家守门户，约数日返。乃阴使其党，夜键户[②]而焚其庐，父子四人并烬。阳为惊悼，代营丧葬，且时周其妻女，竟依以为命。或有欲聘女者，妻必与谋，辄阴沮，使不就。久之，渐露求女为妾意。妻感其惠，欲许之。女初不愿，夜梦其父曰："汝不往，吾终不畅吾志也。"女乃受命。岁馀，生维华，女旋病卒。维华竟覆其宗。

【注释】

①龆龀（tiáo chèn）：垂髫换齿的年龄，指孩童。②键户：闩门。

又，去余家三四十里，有凌虐其仆夫妇死而纳其女者。女故慧黠，经营其饮食服用，事事当意。又凡可博其欢者，冶荡狎媟[①]，无所不至。皆窃议其忘仇。蛊惑既深，惟其言是听。女始则导之奢华，破其产十之七八。又谗间其骨肉，使门以内如寇仇。继乃时说《水浒传》宋江、柴进等事，称为英雄，怂恿之交通盗贼。卒以杀人抵法。抵法之日，女不哭其夫，而阴携卮[②]酒，酹其父母墓曰："父母恒梦中魇我，意恨恨似欲击我。今知之否耶？"人始知其蓄志报复，曰："此女所为，非惟人不测，鬼亦不测也，机深哉！"然而不以阴险论，《春秋》原心，本不共戴天者也。

【注释】

①狎媟（xiè）：亲昵而近于放荡。②卮（zhī）：一种酒器。

沧州潘班，善书画，自称黄叶道人。尝夜宿友人斋中，闻壁间小语曰："君今夕毋留人共寝，当出就君。"班大骇，移出。友人曰："室旧有此怪，一婉娈女子，不为害也。"后友人私语所亲曰："潘君其终困青衿[①]乎？此怪非鬼非狐，不审何物。遇粗俗之人不出，遇富贵之人亦不出，惟遇才士之沦落者，始一出荐枕耳。"后潘果坎壈[②]以终。越十馀年，忽夜闻斋中啜泣声。次日，大风折一老杏树，其怪乃绝。外祖张雪峰先生尝戏曰："此怪大佳，其意识在绮罗人上。"

【注释】

①青衿：指读书人。②坎壈（lǎn）：不顺利。

王孝廉金英言：江宁一书生，宿故家废园中。月夜有艳女窥窗。心知非鬼即狐，爱其姣丽，亦不畏怖。招使入室，即宛转相就。然始终无一语，问亦不答，惟含笑流盼而已。如是月馀，莫喻其故。一日，执而固问之。乃取笔作字曰："妾前明某翰林侍姬，不幸夭逝，因平生巧于谗搆[①]，使一门骨肉如水火。冥司见谴，罚为喑鬼，已沉沦二百馀年。君能为书《金刚经》十部，得仗佛力，超拔苦海，则世世衔感矣。"书生如其所乞。写竣之日，诣书生再拜，仍取笔作字曰："借金经忏悔，已脱离鬼趣。然前生罪重，仅能带业往生，尚须三世作哑妇，方能语也。"

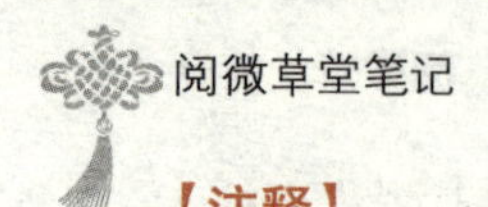

【注释】

①谗搆（gòu）：谗言陷害。搆，通“构”。

卷二　滦阳消夏录二

曾伯祖光吉公，康熙初官镇番守备。云有李太学妻，恒虐其妾，怒辄褫下衣鞭之，殆无虚日。里有老媪，能入冥，所谓走无常者是也。规其妻曰：“娘子与是妾有夙冤，然应偿二百鞭耳。今妒心炽盛，鞭之殆过十馀倍，又负彼债矣。且良妇受刑，虽官法不褫衣。娘子必使裸露以示辱，事太快意，则干鬼神之忌。娘子与我厚，窃见冥籍，不敢不相闻。”妻哂曰：“死媪谩语，欲我禳解[①]取钱耶！”会经略莫洛遘王辅臣之变[②]，乱党蜂起，李没于兵，妾为副将韩公所得。喜其明慧，宠专房。韩公无正室，家政遂操于妾。妻为贼所掠。贼破被俘，分赏将士，恰归韩公。妾蓄以为婢，使跪于堂而语之曰：“尔能受我指挥，每日晨起，先跪妆台前，自褫下衣，伏地受五鞭，然后供役，则贷尔命。否则尔为贼党妻，杀之无禁，当寸寸脔尔，饲犬豖。”妻惮死失志，叩首愿遵教。然妾不欲其遽死，鞭不甚毒，俾知痛楚而已。年馀，乃以他疾死。计其鞭数，适相当。此妇真顽钝无耻哉！亦鬼神所忌，阴夺其魄也。此事韩公不自讳，且举以明果报，故人知其详。

韩公又言：此犹显易其位也。明季尝游襄、邓间，与术士张鸳湖同舍。鸳湖稔知[③]居停主人妻虐妾太甚，积不平，私语曰：“道家有借形法。凡修炼未成，气血已衰，不能还丹者，则借一壮盛之躯，乘其睡，与之互易。吾尝受此法，姑试之。”次日，其家忽闻妻在妾房语，妾在妻房语。比出户，则作妻语者妾，作妾语者妻也。妾得妻身，但默坐，妻得妾身，殊不甘，纷纭争执，亲族不能判。鸣之官。官怒为妖妄，笞其夫，逐出。皆无可如何。然据形而论，妻实是妾，不在其位，威不能行，竟分宅各居而终。此事尤奇也。

【注释】

①禳（ráng）解：向神明祈祷解除灾祸。②王辅臣之变：康熙十二年（1673），吴三桂反叛，提督王辅臣响应。③稔（rěn）知：熟知。

先妣安公[①]性严峻，门无杂宾。一日，与一褴褛人对语，呼余兄弟与

义所当报，不必谈因果。

为礼，曰："此宋曼珠曾孙，不相闻久矣，今乃见之。明季兵乱，汝曾祖年十一，流离戈马间，赖宋曼珠得存也。"乃为委曲谋生计。因戒余兄弟曰："义所当报，不必谈因果。然因果实亦不爽。昔某公受人再生恩，富贵后，视其子孙零替，漠如陌路。后病困，方服药，恍惚见其人手授二札，皆未封。视之，则当年乞救书也，覆杯于地曰：'吾死晚矣！'是夕卒。"

【注释】

①姚安公：纪容舒，纪昀的父亲，因做过云南姚安知府，故称"姚安公"。

乾隆庚午[①]，官库失玉器，勘诸苑户。苑户常明对簿时，忽作童子声曰："玉器非所窃，人则真所杀。我即所杀之魂也。"问官大骇，移送刑部。姚安公时为江苏司郎中，与余公文仪等同鞫[②]之。魂曰："我名二格，年十四，家在海淀，父曰李星望。前岁上元，常明引我观灯归。夜深人寂，常明戏调我，我力拒，且言归当诉诸父。常明遂以衣带勒我死，埋河岸下。父疑常明匿我，控诸巡城。送刑部，以事无左证，议别缉真凶。我魂恒随常明行，但相去四五尺，即觉炽如烈焰，不得近。后热稍减，渐近至二三尺，又渐近至尺许，昨乃都不觉热，始得附之。"又言初讯时，魂亦随至刑部，指其门乃广西司。按所言月日，果检得旧案。问其尸，云在河岸第几柳树旁。掘之亦得，尚未坏。呼其父使辨识，长恸曰："吾儿也！"以事虽幻杳，而证验皆真。且讯问时，呼常明名，则忽似梦醒，作常明语；呼二格名，则忽似昏醉，作二格语。互辩数四，始款伏。又父子絮语家事，一一分明。狱无可疑，乃以实状上闻，论如律。命下之日，魂喜甚。本卖糕为活，忽高唱"卖糕"一声，父泣曰："久不闻此，宛然生时声也。"问："儿当何往？"曰："吾亦不知，且去耳。"自是再问常明，不复作二格语矣。

【注释】

①乾隆庚午：乾隆十五年，即1750年。 ②鞫（jū）：穷究，此处指审问。

有卖花老妇言：京师一宅近空圃，圃故多狐。有丽妇夜逾短垣[①]，与邻家少年狎。惧事泄，初诡托姓名。欢昵渐洽，度不相弃，乃自冒为圃中狐女。少年悦其色，亦不疑拒。久之，忽妇家屋上掷瓦骂曰："我居圃中久，小儿女戏抛砖石，惊动邻里，或有之，实无冶荡蛊惑事。汝奈何污我？"事乃泄。异哉，狐媚恒托于人，此妇乃托于狐。人善媚者比之狐，此狐乃贞于人。

【注释】

①短垣：短墙。

有游士以书画自给。在京师纳一妾，甚爱之。或遇谦会，必袖果饵以贻。妾亦甚相得。无何病革[①]，语妾曰："吾无家，汝无归；吾无亲属，汝无依。吾以笔墨为活，吾死，汝琵琶别抱，势也，亦理也。吾无遗债累汝，汝亦无父母兄弟掣肘。得行己志，可勿受锱铢聘金，但与约岁时许汝祭我墓，则吾无恨矣。"妾泣受教。纳之者亦如约，又甚爱之。然妾恒郁郁忆旧恩，夜必梦故夫同枕席，睡中或妮妮呓语。夫觉之，密延术士镇以符箓。梦语止，而病渐作，驯至绵惙[②]。临殁，以额叩枕曰："故人情重，实不能忘，君所深知，妾亦不讳。昨夜又见梦曰：'久被驱遣，今得再来。汝病如是，何不同归？'已诺之矣。能邀格外之惠，还妾尸于彼墓，当生生世世，结草衔环。不情之请，惟君图之。"语讫奄然。夫亦豪士，慨然曰："魂已往矣，留此遗蜕何为？杨越公能合乐昌之镜，吾不能合之泉下乎？"竟如所请。

此雍正甲寅、乙卯[③]间事。余是年十一二，闻人述之，而忘其姓名。余谓再嫁，负故夫也；嫁而有贰心，负后夫也。此妇进退无据焉。何子山先生亦曰："忆而死，何如殉而死乎？"何励庵先生则曰："《春秋》责备贤者，未可以士大夫之义律儿女子。哀其遇可也，悯其志可也。"

【注释】

①病革：病势危急。革，通"亟"。②绵惙：病情沉重。③雍正甲寅、乙卯：雍正十二年、十三年，即1734、1735年。

景城西偏，有数荒冢，将平矣。小时过之，老仆施祥指曰："是即周某子孙，以一善延三世者也。"盖前明崇祯末，河南、山东大旱蝗，草根木皮皆尽，乃以人为粮，官吏弗能禁。妇女幼孩，反接[①]鬻于市，谓之菜人。屠者买去，如刲[②]羊豕。周氏之祖，自东昌商贩归，至肆午餐。屠者曰："肉尽，请少待。"俄见曳二女子入厨下，呼曰："客待久，可先取一蹄来。"急出止之，闻长号一声，则一女已生断右臂，宛转地上。一女战栗无人色。见周，并哀呼，一求速死，一求救。周恻然心动，并出赀赎之。一无生理，急刺其心死；一携归，因无子，纳为妾。竟生一男，右臂有红丝，自腋下绕肩胛，宛然断臂女也。后传三世乃绝。皆言周本无子，此三世乃一善所延云。

【注释】

①反接：反绑着双手。 ②刲（kuī）：割取。

青县农家少妇，性轻佻，随其夫操作，形影不离。恒相对嬉笑，不避忌人，或夏夜并宿瓜圃中。皆薄其冶荡。然对他人，则面如寒铁。或私挑之，必峻拒。后遇劫盗，身受七刀，犹诟詈，卒不污而死。又皆惊其贞烈。老儒刘君琢曰："此所谓质美而未学也。惟笃于夫妇，故矢死不二。惟不知礼法，故情欲之感，介于仪容；燕昵之私，形于动静。"辛彤甫先生曰："程子有言，凡避嫌者，皆中不足。此妇中无他肠，故坦然径行不自疑。此其所以能守死也。彼好立崖岸[①]者，吾见之矣。"先姚安公曰："刘君正论，辛君有激之言也。"

后其夫夜守豆田，独宿团焦[②]中。忽见妇来，燕婉如平日。曰："冥官以我贞烈，判来生中乙榜[③]，官县令。我念君，不欲往，乞辞官禄为游魂，长得随君。冥官哀我，许之矣。"夫为感泣，誓不他偶。自是昼隐夜来，几二十载。儿童或亦窥见之。此康熙末年事。姚安公能举其姓名居址，今忘矣。

【注释】

①崖岸：此处代指做人严峻，不易亲近。 ②团焦：圆形草屋。 ③乙榜：即乡试。

刘少宗伯青垣言：有中表涉元稹《会真》之嫌者，女有孕，为母所觉。饰言夜恒有巨人来，压体甚重，而色黝黑。母曰："是必土偶为妖也。"授以彩丝，于来时阴系其足。女窃付所欢，系关帝祠周将军足上。母物色得之，挞其足几断。后复密会，忽见周将军击其腰，男女并僵卧不能起。皆曰污蔑神明之报也。夫专其利而移祸于人，其术巧矣。巧者，造物之所忌。机械万端，反而自及，天道也。神恶其崄巇[①]，非恶其污蔑也。

【注释】

①崄巇（xiǎn yǎn）：指人心险恶。

奴子刘四，壬辰[①]夏乞假归省。自御牛车载其妇。距家三四十里，夜将半，牛忽不行。妇车中惊呼曰："有一鬼，首大如瓮，在牛前。"刘四谛视，则一短黑妇人，首戴一破鸡笼，舞且呼曰："来！来！"惧而回车，则又跃在牛前呼："来！来！"如是四面旋绕，遂至鸡鸣。忽立而笑曰："夜凉无事，借汝夫妇消闲耳，偶相戏。我去后，慎勿詈我，詈则我复来。鸡笼是前村某家物，附汝还之。"语讫，以鸡笼掷车上去。天曙抵家，夫妇并昏昏如醉。妇不久病死，刘四亦流落无人状。鬼盖乘其衰气也。

【注释】

①壬辰：乾隆三十七年，即1772年。

景城有刘武周墓，《献县志》亦载。按，武周山后马邑人，墓不应在是，疑为隋刘炫墓。炫，景城人。《一统志》载其墓在献县东八十里。景城距城八十七里，约略当是也。旧有狐居之，时或戏嬲醉人。里有陈双，酒徒也。闻之愤曰："妖兽敢尔！"诣墓所，且数且詈。时耘者满野，皆见其父怒坐墓侧，双跳踉叫号。竟前呵曰："尔何醉至此，乃詈尔父！"双凝视，果父也，大怖叩首。父径趋归。双随而哀乞，追及于村外。方伏地陈说，忽妇媪环绕，哗笑曰："陈双何故跪拜其妻？"双仰视，又果妻也，愕而痴立。妻亦径趋归。双惘惘[①]至家，则父与妻实未尝出。方知皆狐幻化戏之也，惭不出户者数日。闻者无不绝倒。余谓双不詈狐，何至遭狐之戏，双有自取之道焉。狐不嬲人，何至遭双之詈？狐亦有自取之道焉。颠倒纠缠，皆缘一念之妄起。故佛言一切众生，慎勿造因。

【注释】

①惘惘：迷迷糊糊的样子。

老仆魏哲闻其父言：顺治初，有某生者，距余家八九十里，忘其姓名，与妻先后卒。越三四年，其妾亦卒。适其家佣工人，夜行避雨，宿东岳祠廊下。若梦非梦，见某生荷校[①]立庭前，妻妾随焉。有神衣冠类城隍，磬折[②]对岳神语曰："某生污二人，有罪；活二命，亦有功，合相抵。"岳神咈然[③]曰："二人畏死忍耻，尚可贷。某生活二人，正为欲污二人，但宜科罪，何云功罪相抵也？"挥之出。某生及妻妾亦随出。悸不敢语。

天曙归告家人，皆不能解。有旧仆泣曰："异哉，竟以此事被录乎！此事惟吾父子知之，缘受恩深重，誓不敢言。今已隔两朝，始敢追述。两主母皆实非妇人也。前明天启中，魏忠贤杀裕妃，其位下宫女内监，皆密捕送东厂，死甚惨。有二内监，一曰福来，一曰双桂，亡命逃匿。缘与主人曾相识，主人方商于京师，夜投焉。主人引入密室，吾穴隙私窥。主人语二人曰：'君等声音状貌在男女之间，与常人稍异，一出必见获。若改女装，则物色不及。然两无夫之妇，寄宿人家，形迹可疑，亦必败。二君身已净，本无异妇人；肯屈意为我妻妾，则万无一失矣。'二人进退无计，沉思良久，并曲从。遂为办女饰，钳其耳，渐可受珥。并市软骨药，阴为缠足。越数月，居然两好妇矣。乃车载还家，诡言在京所娶。二人久在宫禁，并白皙温雅，无一毫男子状。又其事迥出意想外，竟无觉者。但讶其不事女红，为恃宠骄惰耳。二人感主人再生恩，故事定后亦甘心偕老。然实巧言诱胁，非哀其穷，宜司命之见谴也。”信乎，人可欺，鬼神不可欺哉！

【注释】

①荷校：戴着枷锁。②磬折：弯腰如磬，表示极为恭敬。③咈然：不高兴的样子。咈，通“怫”。

先姚安公言：雍正庚戌[①]会试，与雄县汤孝廉同号舍。汤夜半忽见披发女鬼，搴帘[②]手裂其卷，如蛱蝶乱飞。汤素刚正，亦不恐怖，坐而问之曰：“前生吾不知，今生则实无害人事。汝胡为来者？”鬼愕眙[③]却立曰：“君非四十七号耶？”曰：“吾四十九号。”盖前有二空舍，鬼除之未数也。谛视良久，作礼谢罪而去。斯须间，四十七号喧呼某甲中恶矣。此鬼殊愦愦，此君可谓无妄之灾。幸其心无愧怍，故仓卒间敢与诘辩，仅裂一卷耳，否亦殆哉。

【注释】

①雍正庚戌：雍正八年，即1730年。②搴（qiān）帘：掀开帘子。搴，通“褰”。③愕眙：吃惊地看着。

先姚安公有仆，貌谨厚而最有心计。一日，乘主人急需，饰词邀勒，得赢数十金。其妇亦悻悻自好，若不可犯，而阴有外遇。久欲与所欢逃，苦无资斧[①]。既得此金，即盗之同遁。越十馀日捕获，夫妇之奸乃并败。余兄弟甚快之。姚安公曰：“此事何巧相牵引，一至于斯！殆有鬼神颠倒其间也。夫鬼神之颠倒，岂徒博人一快哉！凡以示戒云尔。故遇此种事，当生警惕心，不可生欢喜心。甲与乙为友，甲居下口，乙居泊镇，相距三十里。乙妻以事过甲家，甲醉以酒而留之宿。乙心知之，不能言也，反致谢焉。甲妻渡河覆舟，随急流至乙门前，为人所拯。乙识而扶归，亦醉以酒而留之宿。甲心知之，不能言也，亦反致谢焉。其邻媪阴知之，合掌诵佛曰：‘有是哉，吾知惧矣。’其子方佐人诬讼，急自往呼之归。汝曹如此媪可也。”

【注释】

①资斧：盘缠。

卷三　滦阳消夏录三

淮镇在献县东五十五里处，即《金史》所谓槐家镇也。有马氏者，家忽见变异，夜中或抛掷瓦石，或鬼声呜呜，或无人处突火出。嬲岁馀不止，祷禳[①]亦无验。乃买宅迁居，有赁居者嬲如故，不久亦他徙。是以无人敢再问。有老儒不信其事，以贱价得之。卜日迁居，竟寂然无他。颇谓其德能胜妖。既而有猾盗登门与诟争，始知宅之变异，皆老儒贿盗夜为之，非真魅也。先姚安公曰："魅亦不过变幻耳。老儒之变幻如是，即谓之真魅可矣。"

【注释】

①祷禳（ráng）：祈祷去除灾难。

东城李某，以贩枣往来于邻县，私诱居停主人少妇归。比至家，其妻先已偕人逃。自诧曰："幸携此妇来，不然，鳏[①]矣。"人计其妻迁贿之期，正当此妇乘垣[②]后日。适相报，尚不悟耶！既而此妇不乐居农家，复随一少年遁，始茫然自失。后其夫踪迹至东城，欲讼李。李以妇已他去，无佐证，坚不承。纠纷间，闻里有扶乩者，众曰："盍质于仙？"仙判一诗曰："鸳鸯梦好两欢娱，记否罗敷自有夫。今日相逢须一笑，分明依样画壶卢。"其夫默然径返。两邑接壤，有知其事者曰："此妇初亦其夫诱来者也。"

【注释】

①鳏（guān）：男人丧失妻子。　②乘垣：移情别恋。

满媪，余弟乳母也。有女曰荔姐，嫁为近村民家妻。一日，闻母病，不及待婿同行，遽狼狈而来。时已入夜，缺月微明，顾见一人追之急。度是强暴，而旷野无可呼救。乃隐身古冢白杨下，纳簪珥怀中，解绦系颈，披发吐舌，瞪目直视以待。其人将近，反招之坐。及逼视，知为缢鬼，惊仆不起。荔姐竟狂奔得免。比入门，举家大骇，徐问得实，且怒且笑，方议向邻里追问。次日，喧传某家少年遇鬼中恶，其鬼今尚随之，已发狂谵语[①]。后医药符箓皆无验，竟颠痫终身。此或由恐怖之馀，邪魅乘机而中之，未可知也。或一切幻象，由心而造，未可知也。或明神殛恶，阴夺其魄，亦未可知也。然均可为狂且[②]戒。

【注释】

①谵语：病中说胡话。②狂且（jū）：此处指轻薄少年。

制府唐公执玉，尝勘一杀人案，狱具矣。一夜秉烛独坐，忽微闻泣声，似渐近窗户。命小婢出视，嗷然而仆。公自启帘，则一鬼浴血跪阶下。厉声叱之，稽颡[1]曰："杀我者某，县官乃误坐某。仇不雪，目不瞑也。"公曰："知之矣。"鬼乃去。翌日，自提讯。众供死者衣履，与所见合。信益坚，竟如鬼言改坐某。问官申辩百端，终以为南山可移，此案不动。其幕友疑有他故，微叩公。始具言始末，亦无如之何。

一夕，幕友请见，曰："鬼从何来？"曰："自至阶下。""鬼从何去？"曰："欻然[2]越墙去。"幕友曰："凡鬼有形而无质，去当奄然而隐，不当越墙。"因即越墙处寻视，虽甃瓦[3]不裂，而新雨之后，数重屋上皆隐隐有泥迹，直至外垣而下。指以示公曰："此必囚贿捷盗所为也。"公沉思恍然，仍从原谳。讳其事，亦不复深求。

【注释】

①稽颡（sǎng）：屈膝下拜，以额触地，表示极为虔敬。②欻（xū）然：忽然。③甃（zhòu）瓦：屋瓦。

景城南有破寺，四无居人，唯一僧携二弟子司香火，皆蠢蠢如村佣，见人不能为礼。然谲诈殊甚，阴市松脂炼为末，夜以纸卷燃火撒空中，焰光四射。望见趋问，则师弟键户酣寝，皆曰不知。又阴市戏场佛衣，作菩萨罗汉形，月夜或立屋脊，或隐映寺门树下。望见趋问，亦云无睹。或举所见语之，则合掌曰："佛在西天，到此破落寺院何为？官司方禁白莲教，与公无仇，何必造此语祸我？"人益信为佛示现，檀施[1]日多。然寺日颓敝，不肯葺[2]一瓦一椽。曰："此方人喜作蜚语，每言此寺多妖异。再一庄严，惑众者益借口矣。"积十馀年，渐致富。忽盗瞰其室，师弟并拷死，罄[3]其赀去。官检所遗囊箧，得松脂戏衣之类，始悟其奸。此前明崇祯末事。先高祖厚斋公曰："此僧以不蛊惑为蛊惑，亦至巧矣。然蛊惑所得，适以自戕，虽谓之至拙可也。"

【注释】

①檀施：布施。②葺：修理。③罄：用尽。

有书生嬖一娈童，相爱如夫妇。童病将殁，凄恋万状，气已绝，犹手把书生腕，擘[1]之乃开。后梦寐见之，灯月下见之，渐至白昼亦见之。相去恒七八尺，问之不语，呼之不前，即之则却退。缘是惘惘成心疾，符箓劾治无验。其父姑令借榻丛林[2]，冀鬼不敢入佛地。至则见如故。

一老僧曰："种种魔障，皆起于心。果此童耶？是心所招；非此童耶？是心所幻。但空尔心，一切俱灭矣。"又一老僧曰："师对下等人说上等法，渠无定力，心安得空？正如但说病证，不疏药物耳。"

因语生曰："邪念纠结，如草生根；当如物在孔中，出之以楔，楔满孔则物自出。尔当思维，此童殁后，其身渐至僵冷，渐至洪胀，渐至臭秽，渐至腐溃，渐至尸虫蠕动，渐至脏腑碎裂，血肉狼藉，作种种色。其面目渐至变貌，渐至变色，渐至变相如罗刹，则恐怖之念生矣。再思维此童如在，日长一日，渐至壮伟，无复媚态，渐至鬑鬑[3]有须，渐至修髯如戟，渐至面苍黧[4]，渐至发斑白，渐至两鬓如雪，渐至头童齿豁，渐至伛偻劳嗽，涕泪涎沫，秽不可近，则厌弃之念生矣。再思维此童先死，故我念彼；倘我先死，彼貌姣好，定有人诱，利饵势胁，彼未必守贞如寡女。一旦引去，荐彼枕席，我在生时对我种种淫语，种种淫态，俱回向是人，恣其娱乐；从前种种昵爱，如浮云散灭，都无馀滓，则愤恚之念生矣。再思维此童如在，或恃宠跋扈，使我不堪，偶相触忤，反面诟谇；或我财不赡，不餍所求，顿生异心，形色索漠；或彼见富贵，弃我他往，与我相遇如陌路人，则怨恨之念生矣。以是诸念起伏生灭于心中，则心无馀间。心无馀间，则一切爱根欲根无处容着，一切魔障不祛自退矣。"

生如所教，数日或见或不见，又数日竟灭迹。病起往访，则寺中无是二僧。或曰古佛现化，或曰十方常住，来往如云，萍水偶逢，已飞锡他往云。

【注释】

①擘（bò）：用力掰。②丛林：此处指寺院。③鬑鬑（lián）：须发稀疏的样子。④苍黧：面孔灰白黄黑。

郭六，淮镇农家妇，不知其夫氏郭父氏郭也，相传呼为郭六云尔。雍正甲辰、乙巳[1]间，岁大饥。其夫度不得活，出而乞食于四方。濒行，对之稽颡曰："父母皆老病，吾以累汝矣。"妇故有姿，里少年瞰其乏食，以金钱挑之，皆不应，惟以女工养翁姑。既而必不能赡，则集邻里叩首曰："我夫以父母托我，今力竭矣。不别作计，当俱死。邻里能助我，则乞助我；不能助我，则我且卖花，毋笑我。"（里语以妇女倚门为"卖花"。）邻里趑趄[2]嗫嚅，徐散去。乃恸哭白翁姑，公然与诸荡子游。阴蓄夜合之资，又置一女子，然防闲甚严，不使外人觌[3]其面。或曰，是将邀重价，亦不辩也。

越三载馀，其夫归。寒温甫毕，即与见翁姑，曰："父母并在，今还汝。"又引所置女见其夫曰："我身已污，不能忍耻再对汝。已为汝别娶一妇，今亦付汝。"夫骇愕未答，则曰："且为汝办餐。"已往厨下自刭矣。县令来验，目炯炯不瞑。县令判葬于祖茔，而不祔[4]夫墓，曰："不祔墓，宜绝于夫也；葬于祖茔，明其未绝于翁姑也。"目仍不瞑。其翁姑哀号曰："是本贞妇，以我二人故至此也。子不能养父母，反绝代养父母者耶？况身为男子不能养，避而委一少妇，途人知其心矣，是谁之过而绝之耶？此我家事，官不必与闻也。"语讫而目瞑。

时邑人议论颇不一。先祖宠予公曰："节孝并重也，节孝又不能两全也。此一事非圣贤不能断，吾不敢置一词也。"

【注释】

①雍正甲辰、乙巳：雍正二年、三年，即1724、1725年。②赼趄（zī jū）：犹豫不前。③觌（dí）：相见。④祔：合葬。

御史某之伏法也，有问官白昼假寐，恍惚见之，惊问曰："君有冤耶？"曰："言官受赂鬻章奏，于法当诛，吾何冤？"曰："不冤，何为来见我？"曰："有憾于君。"曰："问官七八人，旧交如我者亦两三人，何独憾我？"曰："我与君有宿隙，不过进取相轧耳，非不共戴天者也。我对簿时，君虽引嫌不问，而阳阳有德色；我狱成时，君虽虚词慰藉，而隐隐含轻薄。是他人据法置我死，而君以修怨快我死也。患难之际，此最伤人心，吾安得不憾！"问官惶恐愧谢曰："然则君将报我乎？"曰："我死于法，安得报君？君居心如是，自非载福之道，亦无庸我报。特意有不平，使君知之耳。"语讫，若睡若醒，开目已失所在，案上残茗尚微温。后所亲见其惘惘如失，阴叩之，乃具道始末，喟然曰："幸哉我未下石也，其饮恨犹如是。曾子曰：'哀矜[1]勿喜。'不其然乎！"所亲为人述之，亦喟然曰："一有私心，虽当其罪，犹不服，况不当其罪乎！"

【注释】

①哀矜：怜悯。

相传某公奉使归，驻节馆舍。时庭菊盛开，徘徊花下。见小童隐映疏竹间，年可十四五，端丽温雅如靓妆女子。问知为居停主人子。呼与语，甚慧黠。取一扇赠之，流目送盼，意似相就。某公亦爱其秀颖，与流连软语。适左右皆不在，童即跪引其裾曰："公如不弃，即不敢欺公，父陷冤狱，得公一语可活。公肯援手，当不惜此身。"方探袖出讼牒，忽暴风冲击，窗扉六扇皆洞开，几为驺从[1]所窥。心知有异，急挥之去，曰："俟夕徐议。"即草草命驾行。后廉知[2]为土豪杀人，狱急不得解，赂胥吏引某公馆其家，阴市娈童，伪为其子，又赂左右，得至前为秦弱兰之计。不虞冤魄之示变也。裘文达公尝曰："此公偶尔多事，几为所中。士大夫一言一动，不可不慎。使尔时面如包孝肃，亦何隙可乘。"

【注释】

①驺从：贵族出行时的骑马侍从。 ②廉知：查访得知。

明崇祯末，孟村有巨盗肆掠，见一女有色，并其父母絷[1]之。女不受污，则缚其父母加炮烙。父母并呼号惨切，命女从贼。女请纵父母去，乃肯从。贼知其绐[2]己，必先使受污而后释。女遂奋掷批贼颊，与父母俱死，弃尸于野。后贼与官兵格斗，马至尸侧，辟易[3]不肯前，遂陷淖就擒。女亦有灵矣，惜其名氏不可考。论是事者，或谓女子在室，从父母之命者也。父母命之从贼矣，成一己之名，坐视父母之惨酷，女似过忍。或谓命有治乱，从贼不可与许嫁比。父母命为娼，亦为娼乎？女似无罪。先姚安公曰："此事与郭六正相反，均有理可执，而于心终不敢确信。不食马肝，未为不知味也。"

【注释】

①絷（zhí）：捆绑。 ②绐：欺骗。 ③辟易：避开。

刘羽冲，佚其名，沧州人。先高祖厚斋公多与唱和。性孤僻，好讲古制，实迂阔不可行。尝倩[1]董天士作画，倩厚斋公题。内《秋林读书》一幅云："兀坐秋树根，块然无与伍。不知读何书，但见须眉古。只愁手所持，或是《井田谱》。"盖规之也。偶得古兵书，伏读经书，自谓可将十万。会有土寇，自练乡兵与之角，全队溃覆，几为所擒。又得古水利书，伏读经年，自谓可使千里成沃壤，绘图列说干州官。州官亦好事，使试于一村。沟洫[2]甫成，水大至，顺渠灌入，人几为鱼。由是抑郁不自得，恒独步庭阶，摇首自语曰："古人岂欺我哉！"如是日千百遍，惟此六字。不久，发病死。后风清月白之夕，每见其魂在墓前松柏下，摇首独步。侧耳听之，所诵仍此六字也。或笑之，则欻隐。次日伺之，复然。

泥古者愚，何愚乃至是欤！阿文勤公尝教昀曰："满腹皆书能害事，

先生
粲正
庚辰
書旂

满腹皆书能害事，腹中竟无一卷书，亦能害事。国弈不废旧谱，而不执旧谱；国医不泥古方，而不离古方。

腹中竟无一卷书，亦能害事。国弈不废旧谱，而不执旧谱；国医不泥古方，而不离古方。故曰：‘神而明之，存乎其人。’又曰：‘能与人规矩，不能使人巧。’”

【注释】

①倩：请求。 ②沟洫：沟渠。

乌鲁木齐深山中，牧马者恒见小人高尺许，男女老幼，一一皆备。遇红柳吐花时，辄折柳盘为小圈，着顶上，作队跃舞，音呦呦如度曲。或至行帐窃食，为人所掩，则跪而泣。縶之，则不食而死。纵之，初不敢遽行，行数尺辄回顾。或追叱之，仍跪泣。去人稍远，度不能追，始蓦涧越山去。然其巢穴栖止处，终不可得。此物非木魅，亦非山兽，盖僬侥[1]之属。不知其名，以形似小儿，而喜戴红柳，因呼曰红柳娃。邱县丞天锦，因巡视牧厂，曾得其一，腊以归。细视其须眉毛发，与人无二。知《山海经》所谓竫人[2]，凿然有之。有极小必有极大，《列子》所谓龙伯之国，亦必凿然有之。

【注释】

①僬侥（jiāo yáo）：古代传说中的矮人。 ②竫（jìng）人：古代传说中的矮人，与僬侥类似。

奴子魏藻，性佻荡，好窥伺妇女。一日，村外遇少女，似相识而不知其姓名居址。挑与语，女不答而目成，径西去。藻方注视，女回顾若招。即随以往。渐逼近，女面赪[1]，小语曰：“来往人众，恐见疑。君可相隔小半里，俟到家，吾待君墙外车屋中。枣树下系一牛，旁有碌碡[2]者是也。”既而渐行渐远，薄暮，将抵李家洼，去家二十里矣。宿雨初晴，泥将没胫，足趾亦肿痛。遥见女已入车屋，方窃喜，趋而赴。女方背立，忽转面，乃作罗刹形，锯牙钩爪，面如靛，目睒睒[3]如灯。骇而返走，罗刹急追之。狂奔二十馀里，至相国庄，已届亥初。识其妇翁门，急叩不已。门甫启，突然冲入，触一少妇仆地，亦随之仆。诸妇怒噪，各持捣衣杵乱捶其股。气结不能言，惟呼“我我”。俄一媪持灯出，方知是婿，共相惊笑。次日，以牛车载归，卧床几两月。当藻来去时，人但见其自往自还，未见有罗刹，亦未见有少女。岂非以邪召邪，狐鬼趁而侮之哉？先兄晴湖曰：“藻自是不敢复冶游，路遇妇女，必俯首。是虽谓之神明示惩，可也。”

【注释】

①面赪（chēng）：脸红。②碌碡（liù zhou）：古时碾压磨粉的工具。③睒睒（shǎn）：光亮闪烁的样子。

去余家十馀里，有瞽者姓卫。戊午[①]除夕，遍诣常呼弹唱家辞岁，各与以食物，自负以归。半途，失足堕枯井中。既在旷野僻径，又家家守岁，路无行人，呼号嗌[②]干，无应者。幸井底气温，又有饼饵可食，渴甚，则咀水果，竟数日不死。会屠者王以胜驱豕归，距井犹半里许，忽绳断豕逸，狂奔野田中，亦失足堕井。持钩出豕，乃见瞽者，已气息仅属矣。井不当屠者所行路，殆若或使之也。先兄晴湖问以井中情状，瞽者曰："是时万念皆空，心已如死，惟念老母卧病，待瞽子以养。今并瞽子亦不得，计此时恐已饿莩，觉酸彻肝脾，不可忍耳。"先兄曰："非此一念，王以胜所驱豕必不断绳。"

【注释】

①戊午：乾隆三年，即1738年。②嗌（yì）：咽喉。

齐大，献县剧盗也。尝与众行劫，一盗见其妇美，逼污之。刃胁不从，反接其手，缚于凳，已褫下衣，呼两盗左右挟其足矣。齐大方看庄，（盗语谓屋上了望以防救者为看庄。）闻妇呼号，自屋脊跃下，挺刃突入曰："谁敢如是，吾不与俱生！"汹汹欲斗，目光如饿虎。间不容发之顷，竟赖以免。后群盗并就捕骈诛，惟齐大终不能弋获[①]。群盗云，官来捕时，齐大实伏马槽下，兵役皆云："往来搜数过，惟见槽下朽竹一束，约十馀竿，积尘污秽，似弃置多年者。"

【注释】

①弋获：擒获。弋，用带绳子的箭射鸟。

张明经晴岚言：一寺藏经阁上有狐居，诸僧多栖止阁下。一日，天酷暑，有打包僧[①]厌其嚣杂，径移坐具往阁上。诸僧忽闻梁上狐语曰："大众且各归房，我眷属不少，将移住阁下。"僧问："久居阁上，何忽又欲据此？"曰："和尚在彼。"问："汝避和尚耶？"曰："和尚佛子，安敢不避？"又问："我辈非和尚耶？"狐不答。固问之，曰："汝辈自以为和尚，我复何言！"从兄懋[②]园闻之曰："此狐黑白太明。然亦可使三教中人，各发深省。"

【注释】

①打包僧：云游僧，因行李仅打成一包，故称。②懋：音mào。

甲见乙妇而艳之，语与丙。丙曰："其夫粗悍，可图也。如不吝挥金，吾能为君了此事。"乃择邑子冶荡者，饵以金而属之曰："尔白昼潜匿乙家，而故使乙闻，待就执，则自承欲盗。白昼非盗时，尔容貌衣服无盗状，必疑奸，勿承也。官再鞫而后承，罪不过枷杖。当设策使不竟其狱，无所苦也。"邑子如所教，狱果不竟。然乙竟出其妇。丙虑其悔，教妇家讼乙，又阴赂证佐，使不胜。乃恚而别嫁其女。乙亦决绝，听其嫁。甲重价买为妾。丙又教邑子反噬甲，发其阴谋，而教甲赂息。计前后干没千金矣。

适闻家庙社会，力修供具赛神，将以祈福。先一夕，庙祝梦神曰："某金自何来？乃盛仪以飨我。明日来，慎勿令入庙。非礼之祀，鬼神且不受，况非义之祀乎！"丙至，庙祝以神语拒之。怒勿信，甫至阶，舁者[①]颠蹶，供具悉毁，乃悚然返。

后岁馀，甲死。邑子以同谋之故，时往来丙家，因诱其女逃去。丙亦气结死，妇携赀改适。女至德州，人诘得奸状，牒送回籍，杖而官卖。时丙奸已露，乙憾甚，乃鬻产赎得女，使荐枕三夕，而转售于人。或曰，丙死时，乙尚未娶，丙妇因嫁焉。此故为快心之谈，无是事也。邑子后为丐，女流落为娼，则实有之。

【注释】

①舁（yú）者：抬东西的人。

沧州插花庙尼，姓董氏。遇大士诞辰，治供具将毕，忽觉微倦，倚几暂憩。恍惚梦大士[①]语之曰："尔不献供，我亦不忍饥；尔即献供，我亦不加饱。寺门外有流民四五辈，乞食不得，困饿将殆。尔辍供具以饭之，功德胜供我十倍也。"霍然惊醒，启门出视，果不谬。自是每年供具献毕，皆以施丐者，曰此菩萨意也。

【注释】

①大士：对菩萨的通称。

先太夫人言：沧州有轿夫田某，母患臌[①]将殆。闻景和镇一医有奇药，相距百馀里。昧爽狂奔去，薄暮已狂奔归，气息仅属。然是夕卫河暴涨，舟不敢渡。乃仰天大号，泪随声下。众虽哀之，而无如何。忽一舟子解缆呼曰："苟有神理，此人不溺。来来，吾渡尔。"奋然鼓棹，横冲白浪而行。一弹指顷，已抵东岸。观者皆合掌诵佛号。先姚安公曰："此舟子信道之笃，过于儒者。"

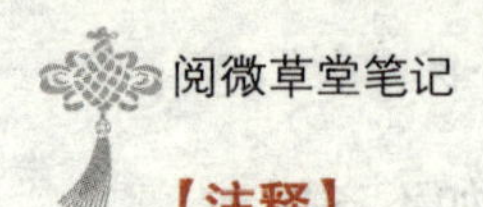

【注释】

①臌（gǔ）：肚子膨胀的病。

卷四　滦阳消夏录四

卧虎山人降乩于田白岩家，众焚香拜祷。一狂生独倚几斜坐，曰：“江湖游士，练熟手法为戏耳。岂有真仙日日听人呼唤？”乩即书下坛诗曰：“䴗鴂①惊秋不住啼，章台回首柳萋萋。花开有约肠空断，云散无踪梦亦迷。小立偷弹金屈戌②，半酣笑劝玉东西③。琵琶还似当年否？为问浔阳估客妻。”狂生大骇，不觉屈膝。盖其数日前密寄旧妓之作，未经存稿者也。仙又判曰：“此笺幸未达，达则又作步非烟矣。此妇既已从良，即是窥人闺阁。香山居士偶作寓言，君乃见诸实事耶？大凡风流佳话，多是地狱根苗。昨见冥官录籍，故吾得记之。业海洪波，回头是岸。山人饶舌，实具苦心，先生勿讶多言也。”狂生鹄立④案旁，殆无人色。后岁馀，即下世。余所见扶乩者，惟此仙不谈休咎，而好规人过。殆灵鬼之耿介者耶！先姚安公素恶淫祀，惟遇此仙必长揖曰：“如此方严，即鬼亦当敬。”

【注释】

①䴗鴂（tí jué）：即杜鹃。②屈戌：门窗的搭扣。③玉东西：酒杯名。④鹄立：伸长脖子站着。

先外祖居卫河东岸，有楼临水傍，曰度帆。其楼向西，而楼之下层门乃向东，别为院落，与楼不相通。先有仆人史锦捷之妇缢于是院，故久无人居，亦无扃钥。有僮婢不知是事，夜半幽会于斯。闻门外窸窣①似人行，惧为所见，伏不敢动。窃于门隙窥之，乃一缢鬼步阶上，对月微叹。二人股栗，皆僵于门内，不敢出。门为二人所据，鬼亦不敢入，相持良久。有犬见鬼而吠，群犬闻声亦聚吠。以为有盗，竞明烛持械以往。鬼隐，而僮仆之奸败。婢愧不自容，迨②夕，亦往是院缢。觉而救苏，又潜往者再。还其父母乃已。因悟鬼非不敢入室也，将以败二人之奸，使愧缢以求代也。先外祖母曰：“此妇生而阴狡，死尚尔哉，其沉沦也固宜。”先太夫人曰：“此婢不作此事，鬼亦何自而乘？其罪未可委之鬼。”

【注释】

①窸窣（xī sū）：轻微细碎之声。②迨：等到。

献县史某，佚其名，为人不拘小节，而落落有直气，视龌龊者蔑如[①]也。偶从博场归，见村民夫妇子母相抱泣。其邻人曰：“为欠豪家债，鬻妇以偿。夫妇故相得，子又未离乳，当弃之去，故悲耳。”史问：“所欠几何？”曰：“三十金。”“所鬻几何？”曰：“五十金，与人为妾。”问：“可赎乎？”曰：“券甫成，金尚未付，何不可赎！”即出博场所得七十金授之，曰：“三十金偿债，四十金持以谋生，勿再鬻也。”夫妇德史甚，烹鸡留饮。酒酣，夫抱儿出，以目示妇，意令荐枕以报。妇颔之，语稍狎，史正色曰：“史某半世为盗，半世为捕役，杀人曾不眨眼。若危急中污人妇女，则实不能为。”饮啖讫，掉臂径去，不更一言。

半月后，所居村夜火。时秋获方毕，家家屋上屋下，柴草皆满，茅檐秫篱[②]，斯须四面皆烈焰。度不能出，与妻子瞑坐待死。恍惚闻屋上遥呼曰：“东岳有急牒，史某一家并除名。”剨然[③]有声，后壁半圮。乃左挈妻，右抱子，一跃而出，若有翼之者。火熄后，计一村之中，爇[④]死者九。邻里皆合掌曰：“昨尚窃笑汝痴，不意七十金乃赎三命。”余谓此事见佑于司命，捐金之功十之四，拒色之功十之六。

【注释】

①蔑如：微细，没有什么了不起。②秫篱：高粱秆做的篱笆。③剨（huò）然：哗啦的声音。④爇（ruò）：烧。

宋蒙泉言：孙峨山先生，尝卧病高邮舟中。忽似散步到岸上，意殊爽适。俄有人导之行，恍惚忘所以，亦不问。随去至一家，门径甚华洁。渐入内室，见少妇方坐蓐。欲退避，其人背后拊一掌，已昏然无知。久而渐醒，则形已缩小，绷置锦褓中。知为转生，已无可奈何。欲有言，则觉寒气自囟门[①]入，辄噤不能出。环视室中，几榻器玩及对联书画，皆了了。至三日，婢抱之浴，失手坠地，复昏然无知，醒则仍卧舟中。家人云，气绝已三日，以四肢柔软，心膈尚温，不敢殓耳。先生急取片纸，疏所见闻，遣使由某路送至某门中，告以勿过挞婢。乃徐为家人备言。是日疾即愈，径往是家，见婢媪皆如旧识。主人老无子，相对惋叹，称异而已。

近梦通政鉴溪亦有是事，亦记其道路门户。访之，果是日生儿即死。顷在直庐[②]，图阁学时泉言其状甚悉，大抵与峨山先生所言相类。惟峨山先生记往不记返；鉴溪则往返俱分明，且途中遇其先亡夫人，到家入室时见夫人与女共坐，为小异耳。

案，轮回之说，儒者所辟。而实则往往有之，前因后果，理自不诬。惟二公暂入轮回，旋归本体，无故现此泡影，则不可以理推。“六合之外，圣人存而不论”，阙所疑可矣。

【注释】

①颥（xìn）门：即顶门。颥，同“囟”。 ②直庐：侍臣值班时住宿的地方。

雍正壬子[①]六月，夜大雷雨，献县城西有村民为雷击。县令明公晟往验，饬棺殓矣。越半月馀，忽拘一人讯之曰：“尔买火药何为？”曰：“以取鸟。”诘曰：“以铳击雀，少不过数钱，多至两许，足一日用矣。尔买二三十斤何也？”曰：“备多日之用。”又诘曰：“尔买药未满一月，计所用不过一二斤，其馀今贮何处？”其人词穷。刑鞫之，果得因奸谋杀状，与妇并伏法。或问：“何以知为此人？”曰：“火药非数十斤不能伪为雷。合药必以硫磺。今方盛夏，非年节放爆竹时，买硫黄者可数。吾阴使人至市，察买硫黄者谁多。皆曰某匠。又阴察某匠卖药于何人。皆曰某人。是以知之。”又问：“何以知雷为伪作？”曰：“雷击人，自上而下，不裂地。其或毁屋，亦自上而下。今苫草[②]屋梁皆飞起，土炕之面亦揭去，知火从下起矣。又此地去城五六里，雷电相同，是夜雷电虽迅烈，然皆盘绕云中，无下击之状。是以知之。尔时其妇先归宁，难以研问，故必先得是人，而后妇可鞫。”此令可谓明察矣。

【注释】

①雍正壬子：雍正十年，即1732年。 ②苫（shàn）草：遮盖屋顶的茅草。

先太夫人外家曹氏，有媪能视鬼。外祖母归宁时，与论冥事。媪曰：“昨于某家见一鬼，可谓痴绝。然情状可怜，亦使人心脾凄动。鬼名某，住某村，家亦小康，死时年二十七八。初死百日后，妇邀我相伴。见其恒坐院中丁香树下，或闻妇哭声，或闻儿啼声，或闻兄嫂与妇诟谇声，虽阳气逼烁，不能近，然必侧耳窗外窃听，凄惨之色可掬。后见媒妁至妇房，愕然惊起，张手左右顾。后闻议不成，稍有喜色。既而媒妁再至，来往兄嫂与妇处，则奔走随之，皇皇如有失。送聘之日，坐树下，目直视妇房，泪涔涔如雨。自是妇每出入，辄随其后，眷恋之意更笃。嫁前一夕，妇整束奁具，复徘徊檐外，或倚柱泣，或俯首如有思；稍闻房内嗽声，辄从隙私窥，营营者彻夜。吾太息曰：‘痴鬼何必如是！’若弗闻也。娶者入，秉火前行。避立墙隅，仍翘首望妇。吾偕妇出，回顾，见其远远随至娶者家，为门尉所阻。稽颡哀乞，乃得入。入则匿墙隅，望妇行礼，凝立如醉状。妇入房，稍稍近窗，其状一如整束衾具时。至灭烛就寝，尚不去，为中霤神[①]所驱，乃狼狈出。时吾以妇嘱归视儿，亦随之返。见其直入妇室，凡妇所坐处眠处，一一视到。俄闻儿索母啼，趋出，环绕儿四周，以两手相搓，作无可奈何状。俄嫂出，挞儿一掌，便顿足拊心，遥作切齿状。吾视之不忍，乃迳归，不知其后何如也。后吾私为妇述，妇啮齿自悔。里有少寡议嫁者，闻是事，以死自誓曰：'吾不忍使亡者作是状。'"

嗟乎！君子义不负人，不以生死有异也；小人无往不负人，亦不以生死有异也。常人之情，则人在而情在，人亡而情亡耳。苟一念死者之情状，未尝不戚然感也。儒者见谄渎之求福，妖妄之滋惑，遂龂龂[②]持无鬼之论，失先王神道设教之深心，徒使愚夫愚妇，悍然一无所顾忌。尚不如此里妪之言，为动人生死之感也。

【注释】

①中霤（liù）神：传说中主管人生活的五神之一，又称"地灵公"。 ②龂龂（yín）：争辩的样子。

有山西商，居京师信成客寓，衣服仆马皆华丽，云且援例报捐。一日，有贫叟来访，仆辈不为通。自候于门，乃得见。神意索漠，一茶后，别无寒温。叟徐露求助意，咈然曰："此时捐项且不足，岂复有馀力及君！"叟不平，因对众具道西商昔穷困，待叟举火[①]者十馀年；复助百金使商贩，渐为富人。今罢官流落，闻其来，喜若更生。亦无奢望，或得囊所助之数，稍偿负累，归骨乡井足矣。语讫絮泣，西商亦似不闻。

忽同舍一江西人，自称姓杨，揖西商而问曰："此叟所言信否？"西商面赪曰："是固有之，但力不能报为恨耳。"杨曰："君且为官，不忧无借处。倘有人肯借君百金，一年内乃偿，不取分毫利，君肯举以报彼否？"西商强应曰："甚愿。"杨曰："君但书券，百金在我。"西商迫于公论，不得已书券。杨收券，开敝箧，出百金付西商。西商怏怏持付叟。杨更治具，留叟及西商饮。叟欢甚，西商草草终觞而已。叟谢去，杨数日亦移寓去，从此遂不相闻。

后西商检箧中少百金，镉锁封识皆如故，无可致诘。又失一狐皮半臂，而箧中得质票一纸，题钱二千，约符杨置酒所用之数。乃知杨本术士，姑以戏之。同舍皆窃称快。西商惭沮，亦移去，莫知所往。

【注释】

①举火：生火做饭。

农夫陈四，夏夜在团焦守瓜田。遥见老柳树下，隐隐有数人影，疑盗瓜者，假寐听之。中一人曰："不知陈四已睡未？"又一人曰："陈四不过数日，即来从我辈游，何畏之有？昨上直土神祠，见城隍牒矣。"又一人曰："君不知耶？陈四延寿矣。"众问："何故？"曰："某家失钱二千文，其婢鞭箠[①]数百未承。婢之父亦愤曰：'生女如是，不如无。倘果盗，吾必缢杀之。'婢曰：'是不承死，承亦死也。'呼天泣。陈四之母怜之，阴典衣得钱二千，捧还主人曰：'老妇昏愦，一时见利取此钱，意谓主人积钱多，未必遽算出。不料累此婢，心实惶愧。钱尚未用，谨冒死自首，免结来世冤。老妇亦无颜居此，请从此辞。'婢因得免。土神嘉其不辞自污以救人，达城隍，城隍达东岳。东岳检籍，此妇当老而丧子，冻饿死。以是功德，判陈四借来生之寿于今生，俾养其母。尔昨下直[②]，未知也。"陈四方窃愤母以盗钱见逐，至是乃释然。后九年母死，葬事毕，无疾而逝。

【注释】

①箠（chuí）：击马，假借为杖人。②下直：下班。

王秃子幼失父母，迷其本姓。育丁姑家，冒姓王。凶狡无赖，所至童稚皆走匿，鸡犬亦为不宁。一日，与其徒自高川醉归，夜经南横子丛冢间，为群鬼所遮。其徒股栗伏地，秃子独奋力与斗，一鬼叱曰："秃子不孝，吾尔父也，敢肆殴！"秃子固未识父，方疑惑间，又一鬼叱曰："吾亦尔父也，敢不拜！"群鬼又齐呼曰："王秃子不祭尔母，致饥饿流落于此，为吾众人妻。吾等皆尔父也。"秃子愤怒，挥拳旋舞，所击如中空囊。跳踉至鸡鸣，无气以动，乃自仆丛莽间。群鬼皆嬉笑曰："王秃子英雄尽矣，今日乃为乡党吐气。如不知悔，他日仍于此待尔。"秃子力已竭，竟不敢再语。天晓鬼散，其徒乃掖[①]以归。自是豪气消沮，一夜携妻子遁去，莫知所终。此事琐屑不足道，然足见悍戾者必遇其敌，人所不能制者，鬼亦忌而共制之。

【注释】

①掖（yè）：用手搀扶别人的胳膊。

乌鲁木齐虎峰书院，旧有遣犯妇缢窗棂上。山长前巴县令陈执礼，一夜，明烛观书，闻窗内承尘[①]上窸窣有声。仰视，见女子两纤足，自纸罅徐徐垂下，渐露膝，渐露股。陈先知是事，厉声曰："尔自以奸败，愤恚死，将祸我耶？我非尔仇，将魅我耶？我一生不入花柳丛，尔亦不能惑。尔敢下，我且以夏楚扑尔。"乃徐徐敛足上，微闻叹息声。俄从纸罅露面下窥，甚姣好。陈仰面唾曰："死尚无耻耶？"遂退入。陈灭烛就寝，袖刃以待其来，竟不下。次日，仙游陈题桥访之，话及是事，承尘上有声如裂帛，后不再见。然其仆寝于外室，夜恒呓语，久而渐疾瘵[②]。垂死时，陈以其相从两万里外，哭甚悲。仆挥手曰："有好妇，尝私就我。今招我为婿，此去殊乐，勿悲也。"陈顿足曰："吾自恃胆力，不移居，祸及汝矣。甚哉，客气[③]之害事也！"后同年六安杨君逢源，代掌书院，避居他室，曰："孟子有言：'不立乎岩墙之下。'"

【注释】

①承尘：天花板。②瘵（zhài）：痨病。③客气：此指一时意气。

佃户张天锡，尝于野田见髑髅，戏溺其口中。髑髅忽跃起作声曰："人鬼异路，奈何欺我？且我一妇人，汝男子，乃无礼辱我，是尤不可。"渐跃渐高，直触其面。天锡惶骇奔归，鬼乃随至其家。夜辄在墙头檐际，责詈不已。天锡遂大发寒热，昏瞀[①]不知人。阖家拜祷，怒似少解。或叩其生前姓氏里居，鬼具自道。众叩首曰："然则当是高祖母，何为祸于子孙？"鬼似凄咽，曰："此故我家耶？几时迁此？汝辈皆我何人？"众陈始末。鬼不胜太息曰："我本无意来此，众鬼欲借此求食，怂恿我来耳。渠有数辈在病者旁，数辈在门外。可具浆水一瓢，待我善遣之。大凡鬼恒苦饥，若无故作灾，又恐神责。故遇事辄生衅，求祭赛。尔等后见此等，宜谨避，勿中其机械。"众如所教。鬼曰："已散去矣，我口中秽气不可忍，可至原处寻吾骨，洗而埋之。"遂呜咽数声而寂。

【注释】

①昏瞀（mào）：眼花，眩晕。

又，佃户何大金，夜守麦田，有一老翁来共坐。大金念村中无是人，意是行路者偶憩。老翁求饮，以罐中水与之。因问大金姓氏，并问其祖父。恻然曰："汝勿怖，我即汝曾祖，不祸汝也。"细询家事，忽喜忽悲。临行，嘱大金曰："鬼自伺放焰口求食外，别无他事，惟子孙念念不能忘，愈久愈切。但苦幽明阻隔，不得音问。或偶闻子孙炽盛，辄跃然以喜者数日，群鬼皆来贺。偶闻子孙零替，亦悄然以悲者数日，群鬼皆来唁。较生人之望子孙，殆切[①]十倍。今闻汝等尚温饱，吾又歌舞数日矣。”回顾再四，丁宁勉励而去。先姚安公曰：“何大金蠢然一物，必不能伪造斯言。闻之，使人追远之心，油然而生。”

【注释】

①殆切：殷切。

乾隆丙子[①]，有闽士赴公车。岁暮抵京，仓卒不得栖止，乃于先农坛北破寺中僦一老屋。越十馀日，夜半，窗外有人语曰：“某先生且醒，吾有一言。吾居此室久，初以公读书人，数千里辛苦求名，是以奉让。后见先生日外出，以新到京师，当寻亲访友，亦不相怪。近见先生多醉归，稍稍疑之。顷闻与僧言，乃日在酒楼观剧，是一浪子耳。吾避居佛座后，起居出入，皆不相适，实不能隐忍让浪子。先生明日不迁，吾瓦石已备矣。”僧在对屋，亦闻此语，乃劝士他徙。自是不敢租是室。有来问者，辄举此事以告云。

【注释】

①乾隆丙子：乾隆二十一年，即1756年。

闽中某夫人喜食猫。得猫则先贮石灰于罂，投猫于内，而灌以沸汤。猫为灰气所蚀，毛尽脱落，不烦挦治[①]；血尽归于脏腑，肉白莹如玉。云味胜鸡雏十倍也。日日张网设机，所捕杀无算。后夫人病危，呦呦作猫声，越十馀日乃死。卢观察抝[②]吉尝与邻居，抝吉子荫文，余婿也，尝为余言之。因言景州一宦家子，好取猫犬之类，拗折其足，捩之向后，观其孑孓[③]跳号以为戏，所杀亦多。后生子女，皆足踵反向前。又余家奴子王发，善鸟铳，所击无不中，日恒杀鸟数十。惟一子，名济宁州，其往济宁州时所生也。年已十一二，忽遍体生疮如火烙痕，每一疮内有一铁子，竟不知何由而入。百药不痊，竟以绝嗣。杀业至重，信夫！

余尝怪修善果者，皆按日持斋，如奉律令，而居恒则不能戒杀。夫佛氏之持斋，岂以茹蔬啖果即为功德乎？正以茹蔬啖果即不杀生耳。今徒曰某日某日观音斋期，某日某日准提斋期，是日持斋，佛大欢喜；非是日也，烹宰溢乎庖，肥甘罗乎俎，屠割惨酷，佛不问也。天下有是事理乎？且天子无故不杀牛，大夫无故不杀羊，士无故不杀犬豕，礼也。儒者遵圣贤之教，固万万无断肉理。然自宾祭以外，特杀亦万万不宜。以一脔之故，遽戕一命；以一羹之故，遽戕数十命或数百命。以众生无限怖苦无

且天子无故不杀牛，大夫无故不杀羊，士无故不杀犬豕，礼也。

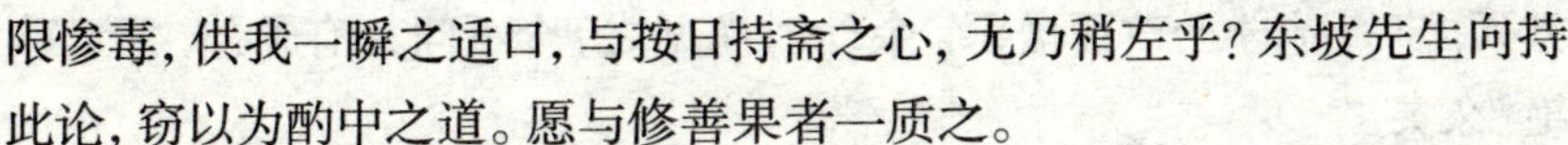

限惨毒，供我一瞬之适口，与按日持斋之心，无乃稍左乎？东坡先生向持此论，窃以为酌中之道。愿与修善果者一质之。

【注释】

①挦（xián）治：拔毛整治。 ②扐：音huī。 ③孑孓（jié jué）：蚊子的幼虫，此处指肢体伸屈颠踬的样子。

女巫郝媪，村妇之狡黠者也。余幼时，于沧州吕氏姑母家见之。自言狐神附其体，言人休咎，凡人家细务，一一周知。故信之者甚众。实则布散徒党，结交婢媪，代为刺探隐事，以售其欺。尝有孕妇，问所生男女。郝许以男，后乃生女。妇诘以神语无验，郝瞋目曰："汝本应生男，某月某日，汝母家馈饼二十，汝以其六供翁姑，匿其十四自食。冥司责汝不孝，转男为女。汝尚不悟耶？"妇不知此事先为所侦，遂惶骇[1]伏罪。其巧于缘饰皆类此。一日，方焚香召神，忽端坐朗言曰："吾乃真狐神也。吾辈虽于人杂处，实各自服气炼形，岂肯与乡里老妪为缘，预人家琐事？此妪阴谋百出，以妖妄敛财，乃托其名于吾辈。故今日真附其体，使共知其奸。"因缕数其隐恶，且并举其徒党姓名。语讫，郝霍然如梦醒，狼狈遁去。后莫知所终。

【注释】

①惶骇：惊恐害怕。

某公之卒也，所积古器，寡妇孤儿不知其值，乞其友估之。友故高其价，使久不售。俟[1]其窘极，乃以贱价取之。越二载，此友亦卒，所积古器，寡妇孤儿亦不知其值，复有所契之友效其故智，取之去。或曰："天道好还，无往不复。效其智者罪宜减。"余谓此快心之谈，不可以立训也。盗有罪矣，从而盗之，可曰罪减于盗乎？

【注释】

①俟（sì）：等到。

屠者许方，即前所记夜逢醉鬼者也。其屠驴先凿地为堑[1]，置板其上，穴板四周为四孔，陷驴足其中。有买肉者，随所买多少，以壶注沸汤沃驴身，使毛脱肉熟，乃刳[2]而取之。云必如是始脆美。越一两日，肉尽乃死。当未死时，拑其口不能作声，目光怒突，炯炯如两炬，惨不可视，而许恬然不介意。后患病，遍身溃烂无完肤，形状一如所屠之驴。宛转茵褥，求死不得，哀号四五十日，乃绝。病中痛自悔责，嘱其子志学急改业。

方死之后，志学乃改而屠豕。余幼时尚见之，今不闻其有子孙，意已殄绝[3]久矣。

【注释】

①堑：陷坑。②刳（kū）：从中间破开再挖空。③殄绝：灭绝。

先叔仪庵公，有质库[1]在西城中。一小楼为狐所据，夜恒闻其语声，然不为人害，久亦相安。一夜，楼上诟谇鞭笞声甚厉，群往听之。忽闻负痛疾呼曰："楼下诸公，皆当明理，世有妇挞夫者耶？"适中一人，方为妇挞，面上爪痕犹未愈。众哄然一笑曰："是固有之，不足为怪。"楼上群狐亦哄然一笑，其斗遂解。闻者无不绝倒。仪庵公曰："此狐以一笑霁威，犹可以为善。"

【注释】

①质库：当铺。

沈观察夫妇并故，幼子寄食亲戚家，贫窭[1]无人状。其妾嫁于史太常家，闻而心恻，时阴使婢媪，与以衣物。后太常知之，曰："此尚在人情天理中。"亦勿禁也。钱塘季沧洲因言：有孀妇病卧，不能自炊，哀呼邻媪代炊，亦不能时至。忽一少女排闼入，曰："吾新来邻家女也。闻姊困苦乏食，意恒不忍。今告于父母，愿为姊具食，且侍疾。"自是日来其家，凡三四月，孀妇病愈，将诣门谢其父母。女泫然曰："不敢欺，我实狐也，与郎君在日最相昵。今感念旧情，又悯姊之苦节，是以托名而来耳。"置白金数铤于床，呜咽而去。二事颇相类。然则琵琶别抱，掉首无情，非惟不及此妾，乃并不及此狐。

【注释】

①贫窭（jù）：贫困。

卷五　滦阳消夏录五

郑五，不知何许人也，携母妻流寓河间，以木工自给。病将死，嘱其妻曰："我本无立锥地，汝又拙于女红，度老母必以冻馁死。今与汝约，有能为我养母者，汝即嫁之，我死不恨也。"妻如所约，母借以存活。或奉事稍怠，则室中有声，如碎磁折竹。一岁，棉衣未成，母泣号寒。忽大声如钟鼓，殷动[1]墙壁。如是者七八年，母死后，乃寂。

【注释】

①殷动：震动。

田白岩言：康熙中，江南有征漕之案，官吏伏法者数人。数年后，有一人降乩于其友人家，自言方在冥司讼某公。友人骇曰："某公循吏，且其总督两江，在此案前十馀年，何以无故讼之？"乩又书曰："此案非一日之故矣。方其初萌，褫一官，窜流一二吏，即可消患于未萌。某公博忠厚之名，养痈不治，久而溃裂，吾辈遂遘其难。吾辈病民蛊国，不能仇现在之执法者也。追原祸本，不某公之讼而谁讼欤？"书讫，乩遂不动。迄不知九幽[1]之下，定谳[2]如何。《金人铭》曰："涓涓不壅，将为江河；毫末不札，将寻斧柯。"古圣人所见远矣。此鬼所言，要不为无理也。

【注释】

①九幽：指阴曹地府。 ②定谳（yàn）：审判定罪。

张福，杜林镇人也，以负贩为业。一日，与里豪争路，豪挥仆推堕石桥下。时河冰方结，觚棱[1]如锋刃，颅骨破裂，仅奄奄存一息。里胥故嗛[2]豪，遽闻于官。官利其财，狱颇急。福阴遣母谓豪曰："君偿我命，与我何益？能为我养老母幼子，则乘我未绝，我到官言失足堕桥下。"豪诺之。福粗知字义，尚能忍痛自书状。生供凿凿，官吏无如何也。福死之后，豪竟负约。其母屡控于官，终以生供有据，不能直。豪后乘醉夜行，亦马蹶堕桥死。皆曰是负福之报矣。先姚安公曰："甚哉，治狱之难也！而命案尤难。有顶凶者，甘为人代死；有贿和者，甘鬻其所亲，斯已猝不易诘矣。至于被杀之人，手书供状，云非是人之所杀，此虽皋陶听之，不能入其罪也。倘非负约不偿，致遭鬼殛，则竟以财免矣。讼情万变，何所不有，司刑者可据理率断哉！"

【注释】

①觚棱：棱角。 ②嗛（xián）：怀恨。

张铉耳先生之族，有以狐女为妾者，别营静室居之。床帷器具，与人无异，但自有婢媪，不用张之奴隶耳。室无纤尘，惟坐久觉阴气森然；亦时闻笑语，而不睹其形。

张故巨族，每姻戚宴集，多请一见，皆不许。一日，张固强之。则曰："某家某娘子犹可，他人断不可也。"入室相晤，举止娴雅，貌似三十许人。诘以室中寒凛之故，曰："娘子自心悸耳，室故无他也。"后张诘以独见是人之故，曰："人阳类，鬼阴类，狐介于人鬼之间，然亦阴类也。故出恒以夜，白昼盛阳之时，不敢轻与人接也。某娘子阳气已衰，故吾得见。"张惕然曰："汝日与吾寝处，吾其衰乎？"曰："此别有故。凡狐之媚人有两途：一曰盅惑，一曰夙因。盅惑者阳为阴蚀，则病，蚀尽则死；夙因则人本有缘，气自相感，阴阳翕合[①]，故可久而相安。然盅惑者十之九，夙因者十之一。其盅惑者亦必自称夙因，但以伤人不伤人知其真伪耳。"后所见之人果不久下世。

【注释】

①翕（xī）合：协调一致。

罗与贾比屋而居，罗富贾贫。罗欲并贾宅，而勒其值；以售他人，罗又阴挠之。久而益窘，不得已减值售罗。罗经营改造，土木一新。落成之日，盛筵祭神。纸钱甫燃，忽狂风卷起，着梁上，烈焰骤发，烟煤迸散如雨落。弹指间，寸椽不遗，并其旧庐爇焉。方火起时，众手交救，罗拊膺止之，曰："顷火光中，吾恍惚见贾之亡父。是其怨毒之所为，救无益也。吾悔无及矣。"急呼贾子至，以腴田[①]二十亩书券赠之。自是改行从善，竟以寿考终。

【注释】

①腴（yú）田：肥沃的田地。

肃宁老儒王德安，康熙丙戌[①]进士也，先姚安公从受业焉。尝夏日过友人家，爱其园亭轩爽，欲下榻于是。友人以夜有鬼物辞。王因举所见一事曰："江南岑生，尝借宿沧州张蝶庄家。壁张钟馗像，其高如人，前复陈一自鸣钟。岑沉醉就寝，皆未及见。夜半酒醒，月明如昼。闻机轮格格，已诧甚，忽见画像，以为奇鬼，取案上端砚仰击之。大声砰然，震动户牖。僮仆排闼入视，则墨沈[②]淋漓，头面俱黑；画前钟及玉瓶磁鼎，已碎裂矣。闻者无不绝倒。然则动云见鬼，皆人自胆怯耳，鬼究在何处耶？"语甫脱口，墙隅忽应声曰："鬼即在此，夜当拜谒，幸勿以砚见击。"王默然竟出。后尝举以告门人曰："鬼无白昼对语理，此必狐也。吾德恐不足胜妖，是以避之。"盖终持无鬼之论也。

【注释】

①康熙丙戌：康熙四十五年，即1706年。②墨沈：墨汁。

明器，古之葬礼也，后世复造纸车纸马。孟云卿《古挽歌》曰："冥冥何所须？尽我生人[①]意。”盖姑以缓恸云耳。然长儿汝佶病革时，其女为焚一纸马，汝佶绝而复苏，曰：“吾魂出门，茫茫然不知所向。遇老仆王连升牵一马来，送我归。恨其足跛，颇颠簸不适。”焚马之奴泫然曰：“是奴罪也。举火时实误折其足。”又，六从舅母常氏弥留时，喃喃自语曰：“适往看新宅颇佳，但东壁损坏，可奈何？”侍疾者往视其棺，果左侧朽穿一小孔，匠与督工者尚均未觉也。

【注释】

①生人：活着的人。

余在乌鲁木齐时，一日，报军校王某差运伊犁军械，其妻独处。今日过午，门不启，呼之不应，当有他故。因檄迪化同知木金泰往勘。破扉而入，则男女二人共枕卧，裸体相抱，皆剖裂其腹死。男子不知何自来，亦无识者。研问邻里，茫无端绪，拟以疑狱结矣。是夕女尸忽呻吟，守者惊视，已复生。越日能言，自供与是人幼相爱，既嫁犹私会。后随夫驻防西域，是人念之不释，复寻访而来；甫至门，即引入室。故邻里皆未觉。虑暂会终离，遂相约同死。受刃时痛极昏迷，倏如梦觉，则魂已离体。急觅是人，不知何往，惟独立沙碛中，白草黄云，四无边际。正彷徨间，为一鬼缚去，至一官府，甚见诘辱。云是虽无耻，命尚未终，叱杖一百，驱之返。杖乃铁铸，不胜楚毒，复晕绝。及渐苏，则回生矣。视其股，果杖痕重叠。驻防大臣巴公曰：“是已受冥罚，奸罪可勿重科矣。”余乌鲁木齐杂诗有曰：“鸳鸯毕竟不双飞，天上人间旧愿违。白草萧萧埋旅榇，一生肠断《华山畿》[①]。”即咏此事也。

【注释】

①《华山畿（jī）》：南朝民歌，描述华山附近一对青年男女殉情的故事。

三叔父仪南公，有健仆毕四。善弋猎，能挽十石弓。恒捕鹑于野。凡捕鹑者必以夜，先以藁[①]秸插地，如禾陇之状，而布网于上；以牛角作曲管，肖鹑声吹之。鹑既集，先微惊之，使渐次避入藁秸中；然后大声惊之，使群飞突起，则悉触网矣。吹管时，其声凄咽，往往误引鬼物至，故必筑团焦自卫，而携兵仗以备之。

一夜，月明之下，见老叟来作礼曰：“我狐也，儿孙与北村狐搆衅，举族械战。彼阵擒我一女，每战必反接驱出以辱我。我亦阵擒彼一妾，如所施报焉。由此仇益结，约今夜决战于此。闻君义侠，乞助一臂力，则没齿感恩。持铁尺者彼，持刀者我也。”毕故好事，忻然随之往，翳丛薄间。两阵既交，两狐血战不解，至相抱手搏。毕审视既的，控弦一发，射北村狐踣。不虞弓劲矢铦[②]，贯腹而过，并老叟洞腋殪[③]焉。两阵各惶遽，夺尸弃俘囚而遁。毕解二狐之缚，且告之曰：“传与尔族，两家胜败相当，可以解冤矣。”先是北村每夜闻战声，自此遂寂。

此与李冰事相类，然冰战江神为捍灾御患；此狐逞其私愤，两斗不已，卒至两伤，是亦不可以已乎？

【注释】

①藁（gǎo）：同“稾”，稻、麦的秆。 ②弓劲（qíng）矢铦（xiān）：弓有力，箭锋利。 ③殪（yì）：死。

姚安公在滇时，幕友言署中香橼[①]树下，月夜有红裳女子靓妆立，见人则冉冉没土中。众议发视之。姚安公携卮酒浇树下，自祝之曰：“汝见人则隐，是无意于为祟也，又何必屡现汝形，自取暴骨之祸？”自是不复出。又有书斋甚轩敞，久无人居。舅氏安公五章，时相从在滇，偶夏日裸寝其内，梦一人揖而言曰：“与君虽幽明异路，然眷属居此，亦有男女之别。君奈何不以礼自处？”矍然[②]醒，遂不敢再往。姚安公尝曰：“树下之鬼可谕之以理，书斋之魅能以理谕人。此郡僻处万山中，风俗质朴，浑沌未凿，故异类亦淳良如是也。”

【注释】

①香橼（yuán）：一种芸香科柑橘属植物。 ②矍（jué）然：惊慌的样子。

余两三岁时，尝见四五小儿，彩衣金钏，随余嬉戏，皆呼余为弟，意似甚相爱。稍长时，乃皆不见。后以告先姚安公，公沉思久之，爽然曰：“汝前母恨无子，每令尼媪以彩丝系神庙泥孩归，置于卧内，各命以乳名，日饲果饵，与哺子无异。殁后，吾命人瘗[①]楼后空院中，必是物也。恐后来为妖，拟掘出之，然岁久已迷其处矣。”前母即张太夫人姊。一岁忌辰，家祭后，张太夫人昼寝，梦前母以手推之曰：“三妹太不经事，利刃岂可付儿戏？”愕然惊醒，则余方坐身旁，掣姚安公革带佩刀出鞘矣。始知魂归受祭，确有其事。古人所以事死如生也。

【注释】

①瘗（yì）：掩埋。

表叔王碧伯妻丧，术者言某日子刻回煞，全家皆避出。有盗伪为煞神，逾垣入，方开箧攫簪珥[1]，适一盗又伪为煞神来，鬼声呜呜渐近。前盗惶遽避出，相遇于庭，彼此以为真煞神，皆悸而失魂，对仆于地。黎明，家人哭入，突见之，大骇，谛视乃知为盗。以姜汤灌苏，即以鬼装缚送官。沿路聚观，莫不绝倒。据此一事，回煞之说当妄矣。然回煞形迹，余实屡目睹之。鬼神茫昧，究不知其如何也。

【注释】

①簪珥（ěr）：发簪和耳饰，泛指首饰。

佃户曹二妇悍甚，动辄诃詈风雨，诟谇鬼神。邻乡里间，一语不合，即揎袖[1]露臂，携二捣衣杵，奋呼跳掷如虓虎[2]。一日，乘阴雨出窃麦，忽风雷大作，巨雹如鹅卵，已中伤仆地。忽风卷一五斗栲栳堕其前，顶之得不死。岂天亦畏其横欤？或曰："是虽暴戾，而善事其姑。每与人斗，姑叱之，辄弭伏；姑批前颊，亦跪而受。然则遇难不死，有由矣。"孔子曰："夫孝，天之经也，地之义也。"岂不然乎！

【注释】

①揎（xuān）袖：捋起袖子。 ②虓（xiāo）虎：怒吼的猛虎。

余第三女，许婚戈仙舟太仆子。年十岁，以庚戌[1]夏至卒。先一日，病已革，时余以执事在方泽，女忽自语曰："今日初八，吾当明日辰刻去，犹及见吾父也。"问何以知之，瞑目不言。余初九日礼成归邸，果及见其卒，卒时壁挂洋钟恰琤然鸣八声。是亦异矣。

【注释】

①庚戌：乾隆五十五年，即1790年。

余在乌鲁木齐，畜数犬。辛卯[1]赐环东归，一黑犬曰四儿，恋恋随行，挥之不去，竟同至京师。途中守行箧甚严，非余至前，虽僮仆不能取一物。稍近，辄人立怒啮。一日，过辟展七达坂，（达坂译言山岭，凡七重，曲折陡峻，称为天险。）车四辆，半在岭北，半在岭南，日已曛黑，不能全度。犬乃独卧岭巅，左右望而护视之，见人影辄驰视。余为赋诗二首曰："归路无烦汝寄书，风餐露宿且随予。夜深奴子酣眠后，为守东行数辆车。""空山日日忍饥行，冰雪崎岖百廿程。我已无官何所恋，可怜汝亦太痴生。"纪其实也。

至京岁馀，一夕，中毒死。或曰："奴辈病其司夜严，故以计杀之，而托词于盗。"想当然矣。余收葬其骨，欲为起冢，题曰"义犬四儿墓"；而琢石象出塞四奴之形，跪其墓前，各镌姓名于胸臆，曰赵长明，曰于禄，曰刘成功，曰齐来旺。或曰："以此四奴置犬旁，恐犬不屑。"余乃止，仅题额诸奴所居室，曰"师犬堂"而已。

初，翟孝廉赠余此犬时，先一夕梦故仆宋遇叩首曰："念主人从军万里，今来服役。"次日得是犬，了然知为遇转生也。然遇在时阴险狡黠，为诸仆魁，何以作犬反忠荩[2]？岂自知以恶业堕落，悔而从善欤？亦可谓善补过矣。

【注释】

①辛卯：乾隆三十六年，即1771年。 ②忠荩（jìn）：忠诚。荩，通"进"。

乌鲁木齐把总蔡良栋言：此地初定时，尝巡瞭至南山深处。（乌鲁木齐在天山北，故呼曰南山。）日色薄暮，似见隔涧有人影，疑为玛哈沁，（额鲁特语谓劫盗曰玛哈沁，营伍中袭其故名。）伏丛莽中密侦之。见一人戎装坐磐石上，数卒侍立，貌皆狰狞。其语稍远不可辨，惟见指挥一卒，自石洞中呼六女子出，并姣丽白皙。所衣皆缯彩[1]，各反缚其手，觳觫[2]俯首跪。以次引至坐者前，褫下裳伏地，鞭之流血，号呼凄惨，声彻林谷。鞭讫，径去，六女战栗跪送，望不见影，乃呜咽归洞。其地一射可及，而涧深崖陡，无路可通。乃使弓力强者，攒射对崖一树。有两矢着树上，用以为识。明日，迂回数十里寻至其处，则洞口尘封。秉烛而入，曲折约深四丈许，绝无行迹。不知昨所遇者何神，其所鞭者又何物。生平所见奇事，此为第一。

考《太平广记》，载老僧见天人追捕飞天野叉事，野叉正是一好女。蔡所见似亦其类欤？

【注释】

①缯彩：彩色的缯帛。 ②觳觫（hú sù）：恐惧的样子。

六畜充庖，常理也；然杀之过当，则为恶业。非所应杀之人而杀之，亦能报冤。乌鲁木齐把总茹大业言：吉木萨游击[1]遣奴入山寻雪莲，迷不得归。一夜，梦奴浴血来曰："在某山遇玛哈沁为脔食，残骸犹在桥南第几松树下，乞往迹之。"游击遣军校寻至树下，果血污狼藉，然视之皆羊骨。盖圉卒共盗一官羊，杀于是也。犹疑奴或死他所。越两日，奴得遇猎者引归，始知羊假奴之魂，以发圉卒之罪耳。

【注释】

①游击：从三品武官，分领绿营兵。

释道虽两教，出家则一。

李媪，青县人。乾隆丁巳、戊午[1]间，在余家司爨[2]。言其乡有农家，居邻古墓。所畜二牛，时登墓蹂践。夜梦有人呵责之。乡愚粗戆，置弗省。俄而家中怪大作，夜见二物，其巨如牛，蹴踏跳掷，院中盎瓮皆破碎。如是数夕，至移碌碡于房上，砰然滚落，火焰飞腾，击捣衣砧为数段。农家恨甚，乃多借鸟铳，待其至，合手击之，两怪并应声踣。农家大喜，急秉火出现，乃所畜二牛也。自是怪不复作，家亦渐落。凭其牛以为妖，俾自杀之，可谓巧于播弄矣；要亦乘其犷悍之气，故得以假手也。

【注释】

①乾隆丁巳、戊午：乾隆二年、三年，即1737、1739年。 ②爨（cuàn）：烧火做饭。

献县城东双塔村，有两老僧共一庵。一夕，有两老道士叩门借宿。僧初不允。道士曰："释道虽两教，出家则一。师何所见之不广？"僧乃留之。次日至晚，门不启，呼亦不应。邻人越墙入视，则四人皆不见。而僧房一物不失，道士行囊中藏数十金，亦具在。皆大骇，以闻于官。邑令粟公千钟来验，一牧童言村南十馀里外枯井中似有死人。驰往视之，则四尸重叠在焉，然皆无伤。粟公曰："一物不失，则非盗；年皆衰老，则非奸；邂逅留宿，则非仇；身无寸伤，则非杀。四人何以同死？四尸何以并移？门扃不启，何以能出？距井窎远[1]，何以能至？事出情理之外，吾能鞫人，不能鞫鬼。人无可鞫，惟当以疑案结耳。"径申上官。上官亦无可驳诘，竟从所议。应山明公晟，健令也，尝曰："吾至献，即闻是案；思之数年，不能解。遇此等事，当以不解解之。一作聪明，则决裂百出矣。人言粟公愦愦，吾正服其愦愦也。"

【注释】

①窎（diào）远：遥远。

宁津苏子庚言：丁卯[1]夏，张氏姑妇同刈麦。甫收拾成聚，有大旋风从西来，吹之四散。妇怒，以镰掷之，洒血数滴渍地上。方共检寻所失，妇倚树忽似昏醉，魂为人缚至一神祠。神怒叱曰："悍妇乃敢伤我吏，速受杖！"妇性素刚，抗声曰："贫家种麦数亩，资以活命。烈日中妇姑辛苦，刈甫毕，乃为怪风吹散。谓是邪祟，故以镰掷之，不虞伤大王之使者。且使者来往，自有官路，何以横经民田，败人麦？以此受杖，实所不甘。"神俯首曰："其词直，可遣去。"妇苏而旋风复至，仍卷其麦为一处。

说是事时，吴桥王仁趾曰："此不知为何神，不曲庇其私昵，谓之正直可矣；先听肤受之诉[2]，使妇几受刑，谓之聪明则未也。"景州戈荔田曰："妇诉其冤，神即能鉴，是亦聪明矣。倘诉者哀哀，听者愦愦，君更谓之何？"子庾曰："仁趾之责人无已时。荔田言是。"

【注释】

①丁卯：乾隆十二年，即1747年。②肤受之诉：有切身利益的诉说。

卷六　滦阳消夏录六

沧州瞽者刘君瑞，尝以弦索来往余家。言其偶有林姓者，一日薄暮，有人登门来唤曰："某官舟泊河干，闻汝善弹词，邀往一试，当有厚赉[1]。"即促抱琵琶，牵其竹杖导之往。约四五里，至舟畔，寒温毕，闻主人指挥曰："舟中炎热，坐岸上奏技，吾倚窗听之可也。"林利其赏，竭力弹唱。约略近三鼓，指痛喉干，求滴水不可得。侧耳听之，四围男女杂坐，笑语喧嚣，觉不似仕宦家，又觉不似在水次，辍弦欲起。众怒曰："何物盲贼，敢不听使令！"众手交捶，痛不可忍，乃哀乞再奏。久之，闻人声渐散，犹不敢息。忽闻耳畔呼曰："林先生何故日尚未出，坐乱冢间演技，取树下早凉耶？"矍然惊问，乃其邻人早起贩鬻过此也。知为鬼弄，狼狈而归。林姓素多心计，号曰林鬼。闻者咸笑曰："今日鬼遇鬼也。"

【注释】

①赉（lài）：赐予，馈赠。

先姚安公曰：里有白以忠者，偶买得役鬼符咒一册，冀[1]借此演搬运法，或可谋生。乃依书置诸法物，月明之夜，作道士装，至墟墓间试之。据案对书诵咒，果闻四面啾啾声。俄暴风突起，卷其书落草间，为一鬼跃出攫去。众鬼哗然并出，曰："尔恃符咒拘遣我，今符咒已失，不畏尔矣。"聚而攒击，以忠踉跄奔逃，背后瓦砾如骤雨，仅得至家。是夜疟疾大作，困卧月馀，疑亦鬼为祟也。一日诉于姚安公，且惭且愤。姚安公曰："幸哉！尔术不成，不过成一笑柄耳。倘不幸术成，安知不以术贾祸？此尔福也，尔又何尤焉！"

【注释】

①冀：希冀，希望。

乾隆己未[①]，余与东光李云举、霍养仲同读书生云精舍。一夕偶论鬼神。云举以为有，养仲以为无，正辩诘间，云举之仆卒然曰：“世间原有奇事，倘奴不身经，虽奴亦不信也。尝过城隍祠前丛冢间，失足踏破一棺。夜梦城隍拘去，云有人诉我毁其室。心知是破棺事，与之辩曰：‘汝室自不合当路，非我侵汝。’鬼又辩曰：‘路自上我屋，非我屋故当路也。’城隍微笑顾我曰：‘人人行此路，不能责汝；人人踏之不破，何汝踏破？亦不能竟释汝。当偿之以冥镪[②]。’既而曰：‘鬼不能自葺棺，汝覆以片板，筑土其上可也。’次日如神教，仍焚冥镪，有旋风卷其灰去。一夜复过其地，闻有人呼我坐。心知为曩鬼，疾驰归。其鬼大笑，音磔磔[③]如枭鸟。迄今思之，尚毛发悚立也。”养仲谓云举曰：“汝仆助汝，吾一口不胜两口矣。然吾终不能以人所见为我所见。”云举曰：“使君鞫狱，将事事目睹而后信乎？抑以取证众口乎？事事目睹无此理，取证众口，不以人所见为我所见乎？君何以处焉？”相与一笑而罢。

【注释】

①乾隆己未：乾隆四年，即1739年。 ②冥镪（qiǎng）：烧给死人的纸钱。 ③磔磔（zhé）：猫头鹰之类的鸟叫声。

南皮许南金先生，最有胆。在僧寺读书，与一友共榻。夜半，见北壁燃双炬。谛视，乃一人面出壁中，大如箕，双炬其目光也。友股栗欲死。先生披衣徐起曰：“正欲读书，苦烛尽。君来甚善。”乃携一册背之坐，诵声琅琅，未数页，目光渐隐；拊[①]壁呼之，不出矣。又一夕如厕，一小童持烛随。此面突自地涌出，对之而笑。童掷烛仆地。先生即拾置怪顶，曰：“烛正无台，君来又甚善。”怪仰视不动。先生曰：“君何处不可往，乃在此间？海上有逐臭之夫，君其是乎？不可辜君来意。”即以秽纸试其口。怪大呕吐，狂吼数声，灭烛而没。自是不复见。先生尝曰：“鬼魅皆真有之，亦时或见之。惟检点生平，无不可对鬼魅者，则此心自不动耳。”

【注释】

①拊（fǔ）：拍。

戴东原言：明季有宋某者，卜葬地，至歙县深山中。日薄暮，风雨欲来，见岩下有洞，投之暂避。闻洞内人语曰：“此中有鬼，君勿入。”问：“汝何以入？”曰：“身即鬼也。”宋请一见。曰：“与君相见，则阴阳气战，君必寒热小不安。不如君爇火自卫，遥作隔座谈也。”宋问：“君必有墓，何以居此？”曰：“吾神宗时为县令，恶仕宦者货利相攘，进取相轧，乃弃职归田。殁而祈于阎罗，勿轮回人世，遂以来生禄秩，改注阴官。不虞幽冥之中，相攘相轧，亦复如此，又弃职归墓。墓居群鬼之间，往来嚣杂，不胜其烦，不得已避居于此。虽凄风苦雨，萧索难堪，较诸宦海风波，世途机阱，则如生忉利天[①]矣。寂历空山，都忘甲子。与鬼相隔者，不知几年；与人相隔者，更不知几年。自喜解脱万缘，冥心造化。不意又通人迹，明朝当即移居。武陵渔人，勿再访桃花源也。”语讫不复酬对，问其姓名，亦不答。宋携有笔砚，因濡墨大书“鬼隐”两字于洞口而归。

【注释】

①忉（dāo）利天：又称“三十三天”，佛教认为位于须弥山的山顶。

吴惠叔言：其乡有巨室，惟一子，婴疾甚剧。叶天士诊之，曰：“脉现鬼证，非药石所能疗也。”乃请上方山道士建醮。至半夜，阴风飒然，坛上烛光俱黯碧。道士横剑瞑目，若有所睹，既而拂衣竟出。曰：“妖魅为厉，吾法能祛。至夙世冤愆，虽有解释之法，其肯否解释，仍在本人。若伦纪所关，事干天律，虽绿章[①]拜奏，亦不能上达神霄。此祟乃汝父遗一幼弟，汝兄遗二孤侄，汝蚕食鲸吞，几无馀沥。又茕茕孩稚，视若路人。至饥饱寒温，无可告语；疾痛疴痒，任其呼号。汝父茹痛九原，诉于地府。冥官给牒，俾取汝子以偿冤。吾虽有术，只能为人驱鬼，不能为子驱父也。”果其子不久即逝。后终无子，竟以侄为嗣。

【注释】

①绿章：又称“青词”，道士祭天时写的奏章表文，因用朱笔写在青藤纸上，故名。

护持寺在河间东四十里。有农夫于某，家小康。一夕，于外出。劫盗数人从屋檐跃下，挥巨斧破扉，声丁丁然。家惟妇女弱小，伏枕战栗，听所为而已。忽所畜二牛，怒吼跃入，奋角与贼斗。梃刃交下，斗愈力。盗竟受伤，狼狈去。盖乾隆癸亥[①]，河间大饥，畜牛者不能刍秣[②]，多鬻于屠市。是二牛至屠者门，哀鸣伏地，不肯前。于见而心恻，解衣质钱赎之，忍冻而归。牛之效死固宜，惟盗在内室，牛在外厩，牛何以知有警？且牛非矫捷之物，外扉坚闭，何以能一跃逾墙？此必有使之者矣，非鬼神之为而谁为之？此乙丑[③]冬在河间岁试，刘东堂为余言。东堂即护持寺人，云亲见二牛，各身被数刃也。

【注释】

①乾隆癸亥：乾隆八年，即1743年。 ②刍秣：用草料喂牲口。 ③乙丑：乾隆十年，即1745年。

里人张某，深险诡谲，虽至亲骨肉，不能得其一实语。而口舌巧捷，多为所欺。人号曰秃项马。马秃项为无鬃，鬃、踪同音，言其恍惚闪烁，无踪可觅也。一日，与其父夜行迷路，隔陇见数人团坐，呼问当何向。数人皆应曰"向北"，因陷深淖中。又遥呼问之。皆应曰"转东"，乃几至灭顶。蹩躠[1]泥涂，困不能出，闻数人拊掌笑曰："秃项马，尔今知妄语之误人否？"近在耳畔，而不睹其形，方知为鬼所绐也。

【注释】

①蹩躠（bié xiè）：一瘸一拐地行走。

妖由人兴，往往有焉。李云举言：一人胆至怯，一人欲戏之。其奴手黑如墨，使藏于室中，密约曰："我与某坐月下，我惊呼有鬼，尔即从窗隙伸一手。"届期呼之，突一手探出，其大如箕，五指挺然如舂杵[1]。宾主俱惊，仆众哗曰："此其真鬼耶？"秉炬持杖入，则奴昏卧于壁角。救之苏，言："暗中似有物以气嘘我，我即迷闷。"族叔楘[2]庵言："二人同读书佛寺，一人灯下作缢鬼状，立于前；见是人惊怖欲绝，急呼：'是我，尔勿畏。'是人曰：'固知是尔，尔背后何物也？'回顾乃一真缢鬼。"盖机械一萌，鬼遂以机械之心从而应之。斯亦可为螳螂黄雀之喻矣。

【注释】

①舂杵：舂米用的木棒。 ②楘：音mù。

先四叔父栗甫公，一日往河城探友。见一骑飞驰向东北，突挂柳枝而堕。众趋视之，气绝矣。食顷，一妇号泣来，曰："姑病无药饵，步行一昼夜，向母家借得衣饰数事，不料为骑马贼所夺。"众引视堕马者，时已复苏。妇呼曰："正是人也。"其袱掷于道旁，问袱中衣饰之数，堕马者不能答；妇所言，启视一一合。堕马者乃伏罪。众以白昼劫夺，罪当缳首[1]，将执送官。堕马者叩首乞命，愿以怀中数十金，予妇自赎。妇以姑病危急，亦不愿涉讼庭，乃取其金而纵之去。叔父曰："果报之速，无速于此事者矣。每一念及，觉在在处处有鬼神。"

【注释】

①缳（huán）首：绞杀。

齐舜庭，前所记剧盗齐大之族也。最剽悍，能以绳系刀柄，掷伤人于两三丈外。其党号之曰飞刀。其邻曰张七，舜庭故奴视之，强售其住屋广马厩，且使其党恐之曰："不速迁，祸立至矣。"张不得已，携妻女仓皇出，莫知所适，乃诣神祠祷曰："小人不幸为剧盗逼，穷迫无路。"敬植杖神前，视所向而往。杖仆向东北，乃迤逦行乞至天津。以女嫁灶丁①，助之晒盐，粗能自给。三四载后，舜庭劫饷事发，官兵围捕，黑夜乘风雨脱免。念其党有在商舶者，将投之泛海去。昼伏夜行，窃瓜果为粮，幸无觉者。一夕，饥渴交迫，遥望一灯荧然。试叩门，一少妇凝视久之，忽呼曰："齐舜庭在此。"盖追缉之牒，已急递至天津，立赏格募捕矣。众丁闻声毕集，舜庭手无寸刃，乃弭首②就擒。少妇即张七之女也。使不迫逐七至是，则舜庭已变服，人无识者；地距海口仅数里，竟扬帆去矣。

【注释】

①灶丁：煮盐工。 ②弭首：俯首。

乌鲁木齐八蜡祠道士，年八十馀。一夕，以钱七千布荐①下，卧其上而死。众议以是钱营葬。夜见梦于工房吏邬玉麟曰："我守官庙，棺应官给。钱我辛苦所积，乞纳棺中，俟来生我自取。"玉麟悯而从之。葬讫，太息曰："以钱贮棺，埋于旷野，是以璠玙②敛也，必暴骨。"余曰："以钱买棺，尚能且梦；发棺攘夺，其为厉必矣。谁能为七千钱以性命与鬼争？必无恙。"众皆龈然。然玉麟正论也。

【注释】

①荐：草席。 ②璠玙（fán yú）：美玉名，泛指珠宝。

河间一妇，性佚荡①，然貌至陋。日靓妆倚门，人无顾者。后其夫随高叶飞官天长，甚见委任。豪夺巧取，岁以多金寄归。妇借其财，以招诱少年，门遂如市。迨叶飞获谴，其夫遁归，则囊箧全空，器物斥卖亦略尽，惟存一丑妇，淫疮遍体而已。人谓其不拥厚赀，此妇万无堕节理。岂非天道哉！

【注释】

①佚荡：放荡。

卷七　如是我闻一

曩撰《滦阳消夏录》，属草未定，遽为书肆所窃刊，非所愿也。然博雅君子，或不以为纰谬[1]，且有以新事续告者，因补缀旧闻，又成四卷。欧阳公曰："物尝聚于所好。"岂不信哉！缘是知一有偏嗜，必有浸淫而不自已者。天下事往往如斯，亦可以深长思也。辛亥[2]七月二十一日题。

【注释】

①纰谬：错误。②辛亥：乾隆五十六年，即1791年。

京师某观，故有狐。道士建醮，醵[1]多金。蒇事[2]后，与其徒在神座灯前，会计出入，尚阙数金。师谓徒干没，徒谓师误算，盘珠格格，至三鼓未休。忽梁上语曰："新秋凉爽，我倦欲眠，汝何必在此相聒？此数金，非汝欲买媚药，置怀中，过后巷刘二姐家，二姐索金指镮，汝乘醉探付彼耶？何竟忘也？"徒转面掩口。道士乃默然敛簿出。剃工魏福，时寓观内，亲闻之。言其声咿咿呦呦，如小儿女云。

【注释】

①醵（jù）：集聚。②蒇（chǎn）事：事情办理完成。

旱魃为虐，见《云汉》之诗，是事出经典矣。《山海经》实以女魃，似因诗语而附会。然据其所言，特一妖神耳。近世所云旱魃，则皆僵尸。掘而焚之，亦往往致雨。夫雨为天地之䜣合[1]，一僵尸之气焰，竟能弥塞乾坤，使隔绝不通乎？雨亦有龙所作者，一僵尸之技俩，竟能驱逐神物，使畏避不前乎，是何说以解之？又狐避雷劫，自宋以来，见于杂说者不一。夫狐无罪欤，雷霆克期而击之，是淫刑也，天道不如是也。狐有罪欤，何时不可以诛，而必限以某日某刻，使先知早避？即一时暂免，又何时不可以诛，乃过此一时，竟不复追理？是佚罚也，天道亦不如是也，是又何说以解之？偶阅近人《夜谈丛录》，见所载焚旱魃一事、狐避劫二事，因记所疑，俟格物穷理者详之。

【注释】

①䜣合：联合作用。

同年金门高，吴县人。尝夜泊淮扬之间，见岸上二叟相遇，就坐水次草亭上。一叟曰："君近何事？"一叟曰："主人避暑园林，吾日日入其水阁，观活秘戏图。百媚横生，亦殊可玩。其第五姬尤妖艳。见其与主人剪发为誓，约他年燕子楼中作关盼盼；又约似玉箫再世，重侍韦皋。主人为之感泣。然偶闻其与母窃议，则谓主人已老，宜早储金帛，为琵琶别抱计也。君谓此辈可信乎？"相与太息久之。一叟又曰："闻其嫡甚贤，信乎？”一叟掉头曰：“天下之善妒人也，何贤之云！夫妒而嚣争，是为渊驱鱼者也。此妇于妾媵[①]之来，弱者抚之以恩，纵其出入冶游，不复防制，使流于淫佚。其夫自愧而去之。强者待之以礼，阳尊之与己匹，而阴导之与夫抗，使养成骄悍，其夫不堪而去之。有二术所不能饵者，则密相煽搆，务使参商[②]两败者，又多有之。幸不即败，而一门之内，诟谇时闻，使其夫入妾之室则怨语愁颜，入妻之室乃柔声怡色。其去就不问而知矣。此天下之善妒人也，何贤之云！”

门高窃听所言，服其中理，而不解其日入水阁语。方凝思间，有官舫鸣钲来，收帆欲泊。二叟转瞬已不见，乃悟其非人也。

【注释】

①妾媵（yìng）：泛指侍妾。 ②参商：参星与商星，二星此出彼没，古人以此比喻彼此对立，不能相见。

先叔仪南公，有质库在西城。客作陈忠，主买菜蔬。侪辈皆谓其近多馀润，宜餕众，忠讳无有。次日，箧[①]钥不启，而所蓄钱数千，惟存九百。楼上故有狐，恒隔窗与人语，疑所为。试往叩之，果朗然应曰：“九百钱是汝雇值，分所应得，吾不敢取，其馀皆日日所干没，原非汝物。今日端阳，已为汝买粽若干，买酒若干，买肉若干，买鸡鱼及瓜菜果实各若干，并泛酒雄黄，亦为买得，皆在楼下空屋中。汝宜早烹炮，迟则天暑，恐腐败。”启户视之，累累具在。无可消纳，竟与众共餐。此狐可谓恶作剧，然亦颇快人意也。

【注释】

①箧（qiè）：箱子。

河间府吏刘启新，粗知文义。一日问人曰：“枭鸟、破獍是何物？”或对曰：“枭鸟食母，破獍食父，均不孝之物也。”刘拊掌曰：“是矣。吾患寒疾，昏愦中魂至冥司，见二官连几坐。一吏持牍请曰：‘某处狐为其孙啮杀，禽兽无知，难责以人理。今惟议抵，不科不孝之罪。’左一官曰：‘狐与他兽有别。已炼形成人者，宜断以人律；未炼形成人者，自宜仍断以兽律。’右一官曰：‘不然。禽兽他事与人殊，至亲属天性，则与人一理。先王诛枭鸟、破獍，不以禽兽而贷也。宜仍科不孝，付地狱。’左一官首肯曰：‘公言是。’俄吏抱牍下，以掌掴[①]吾，悸而苏。所言历历皆记，惟不解枭鸟、破獍语。窃疑为不孝之鸟兽，今果然也。”

案，此事新奇，故阴府亦烦商酌。知狱情万变，难执一端。据余所见，事出律例之外者。一人外出，讹传已死。其父母因鬻妇为人妾。夫归，迫于父母，弗能讼也。潜至娶者家，伺隙一见，竟携以逃。越岁缉获，以为非奸，则已别嫁；以为奸，则本其故夫。官无律可引也。

又，劫盗之中，别有一类，曰赶蛋。不为盗，而为盗之盗。每伺盗外出，或袭其巢，或要诸路，夺所劫之财。一日互相格斗，并执至官。以为非盗，则实强掠；以为盗，则所掠乃盗赃。官亦无律可引也。

又，有奸而怀孕者，决罚后，官依律判生子还奸夫。后生子，本夫恨而杀之。奸夫控故杀其子。虽有律可引，而终觉奸夫所诉，有理无情；本夫所为，有情无理。无以持其平也。不知彼地下冥官，遇此等事，又作何判断耳？

【注释】

①掴：打耳光。

故城贾汉恒言：张二酉、张三辰，兄弟也。二酉先卒，三辰抚侄如己出，理田产，谋婚娶，皆殚竭心力。侄病瘵，经营医药，殆废寝食。侄殁后，恒忽忽如有失。人皆称其友爱。越数岁，病革，昏瞀中自语曰："咄咄怪事！顷到冥司，二兄诉我杀其子，斩其祀，岂不冤哉！"自是口中时喃喃，不甚可辨。一日稍苏，曰："吾知过矣。兄对阎罗数我曰：'此子非不可化诲者，汝为叔父，去父一间耳。乃知养而不知教，纵所欲为，恐拂其意。使恣情花柳，得恶疾以终。非汝杀之而谁乎？'吾茫然无以应也，吾悔晚矣。"反手自椎[①]而殁。三辰所为，亦末俗之所难，坐以杀侄，《春秋》责备贤者耳。然要不得谓二酉苛也。

平定王执信，余己卯[②]所取士也。乞余志其继母墓。称母生一弟，曰执蒲，庶出一弟，曰执璧。平时饮食衣物，三子无所异；遇有过，责詈箠楚，亦三子无所异也。贤哉！数语尽之矣。

【注释】

①自椎：自己捶打自己。 ②己卯：乾隆二十四年，即1759年。

遂堂先生又言：有调其仆妇者，妇不答。主人怒曰："敢再拒，箠汝死。"泣告其夫。方沉醉，又怒曰："敢失志，且剚[①]刃汝胸。"妇愤曰："从不从皆死，无宁先死矣。"竟自缢。官来勘验，尸无伤，语无证，又死于夫侧，无所归咎，弗能究也。然自是所缢之室，虽天气晴明，亦阴阴如薄雾；夜辄有声如裂帛。灯前月下，每见黑气，摇漾似人影，即之则无。如是十馀年，主人殁，乃已。未殁以前，昼夜使人环病榻，疑其有所见矣。

【注释】

①剚（zì）：刺。

乌鲁木齐军吏邬图麟言：其表兄某，尝诣泾县访友。遇雨，夜投一废寺。颓垣荒草，四无居人，惟山门尚可栖止，姑留待霁。时云黑如墨，暗中闻女子声曰："怨鬼叩头，求赐纸衣一袭，白骨衔恩。"某怖不能动，然度无可避，强起问之。鬼泣曰："妾本村女，偶独经此寺，为僧所遮留。妾哭詈不从，怒而见杀。时衣已尽褫，遂被裸埋，今百馀年矣。虽在冥途，情有廉耻。身无寸缕，愧见神明。故宁抱沉冤，潜形不出。今幸逢君子，傥取数翻彩楮，剪作裙襦，焚之寺门，使幽魂蔽体，便可愬[1]诸地府，再入转轮。惟君哀而垂拯焉。"某战栗诺之，泣声遂寂。后不能再至其地，竟不果焚。尝自谓负此一诺，使此鬼茹恨黄泉，恒耿耿不自安也。

【注释】

①愬（sù）：告发。

从兄垣居言：昔闻刘馨亭谈二事。其一，有农家子为狐媚，延术士劾治。狐就擒，将烹诸油釜。农家子叩额乞免，乃纵去。后思之成疾，医不能疗。狐一日复来，相见悲喜。狐意殊落落，谓农家子曰："君苦相忆，止为悦我色耳，不知是我幻相也。见我本形，则骇避不遑[1]矣。"欻然扑地，苍毛修尾，鼻息咻咻，目睒睒如炬，跳掷上屋，长嗥数声而去。农家子自是病痊。此狐可谓能报德。其一亦农家子为狐媚，延术士劾治。法不验，符箓皆为狐所裂。将上坛殴击，一老媪似是狐母，止之曰："物惜其群，人庇其党。此术士道虽浅，创之过甚，恐他术士来报复。不如且就尔婿眠，听其逃避。"此狐可谓能远虑。

【注释】

①不遑：没有空闲。

先姚安公言：雍正初，李家洼佃户董某父死，遗一牛，老且跛，将鬻[1]于屠肆。牛逸，至其父墓前，伏地僵卧，牵挽鞭箠皆不起，惟掉尾长鸣。村人闻是事，络绎来视。忽邻叟刘某愤然至，以杖击牛曰："渠父堕河，何预于汝？使随波漂没，充鱼鳖食，岂不大善？汝无故多事，引之使出，多活十馀年。致渠生奉养，病医药，死棺敛，且留此一坟，岁需祭扫，为

物惜其群，人庇其党。

董氏子孙无穷累。汝罪大矣，就死汝分，牟牟者何为？”盖其父尝堕深水中，牛随之跃入，牵其尾得出也。董初不知此事，闻之大惭，自批其颊曰：“我乃非人！”急引归。数月后，病死，泣而埋之。此叟殊有滑稽风，与东方朔救汉武帝乳母事竟暗合也。

【注释】

①鬻（yù）：卖。

刘香畹言：沧州近海处，有牧童年十四五，虽农家子，颇白皙。一日，陂畔[①]午睡醒，觉背上似负一物，然视之无形，扪之无质，问之亦无声。怖而返，以告父母，无如之何。数日后，渐似拥抱，渐似抚摩，既而渐似梦魇，遂为所污。自是媟狎无时，而无形无质无声，则仍如故。时或得钱物果饵，亦不甚多。

邻塾师语其父曰：“此恐是狐，宜藏猎犬，俟闻媚声时排闼嗾[②]攫之。”父如所教。狐嗷然破窗出，在屋上跳掷，骂童负心。塾师呼与语曰：“君幻化通灵，定知世事。夫男女相悦，感以情也。然朝盟同穴，夕过别船者，尚不知其几。至若娈童，本非女质，抱衾荐枕，不过以色为市耳。当其傅粉熏香，含娇流盼，缠头万锦，买笑千金，非不似碧玉多情，回身就抱。迨富者赀尽，贵者权移，或掉臂长辞，或倒戈反噬，翻去覆雨，自古皆然。萧韶之于庾信，慕容冲之于苻坚，载在史册，其尤著者也。其所施者如彼，其所报者尚如此。然则与此辈论交，如抟沙作饭矣。况君所赠，曾不及五陵豪贵之万一，而欲此童心坚金石，不亦颠乎？”语讫寂然。

良久，忽闻顿足曰：“先生休矣，吾今乃始知吾痴。”浩叹数声而去。

【注释】

①陂（bēi）畔：湖边。 ②嗾（sǒu）：狗叫。

裘编修超然言：丰宜门内玉皇庙街，有破屋数间，锁闭已久，云中有狐魅。适江西一孝廉与数友过夏，（唐举子下第后，读书待再试，谓之过夏。）取其地幽僻，僦舍于旁。一日，见幼妇立檐下，态殊妩媚，心知为狐。少年豪宕，意殊不惧。黄昏后，诣门作礼，祝以媟词。夜中闻床前窸窣有声，心知狐至，暗中举手引之。纵体入怀，遽相狎昵，冶荡万状，奔命殆疲。比月上窗明，谛视乃一白发媪，黑陋可憎，惊问：“汝谁？”殊不愧赧，自云：“本城楼上老狐，娘子怪我饕餮[①]而慵作，斥居此屋，寂寞已数载。感君垂爱，故冒耻自献耳。”孝廉怒，搏其颊，欲缚箠之。撑拄摆拨间，同舍闻声，皆来助捉。忽一脱手，已琤然破窗遁。次夕，自坐屋檐，作软语相唤。孝廉诟詈，忽为飞瓦所击。又一夕，揭帷欲寝，乃裸卧床上，笑而招手。抽刃向击，始泣骂去。惧其复至，移寓避之。登车顷，突见前幼妇自内走出。密遣小奴访问，始知居停主人之甥女，昨偶到街买花粉也。

【注释】

①饕餮（tāo tiè）：传说中的一种怪兽，因为贪吃，用来形容贪吃的人。

琴工钱生（以鼓琴客裘文达公家，滑稽善谐戏。因面有癜风，皆呼曰钱花脸。来往数年，竟不能举其里居名字也。）言：一选人居会馆，于馆后墙缺见一妇，甚有姿首，衣裳故敝，而修饰甚整洁。意颇悦之。馆人有母年五十馀，故大家婢女，进退语言，均尚有矩度，每代其子应门。料其有干才，赂以金，祈谋一晤。对曰：“向未见此，似是新来。姑试侦探，作万一想耳。”

越十许日，始报曰：“已得之矣。渠本良家，以贫故，忍耻出此。然畏人知，俟夜深月黑，乃可来。乞勿秉烛，勿言勿笑，勿使僮仆及同馆闻声息，闻钟声即匆留。每夕赠以二金足矣。”选人如所约，已往来月馀。一夜，邻弗戒于火，选人惶遽起，僮仆皆入室救囊箧。一人急搴帐曳茵褥，訇然有声，一裸妇堕榻下，乃馆人母也。莫不绝倒。

盖京师媒妁最奸黠，遇选人纳媵，多以好女引视，而临期阴易以下材，觉而涉讼者有之。幂首入门，背灯障扇，俟定情后始觉，委曲迁就者亦有之。此媪狃[①]于乡风，竟以身代也。然事后访问四邻，墙缺外实无此妇。或曰魅也。裘文达公曰：“是此媪引致一妓，炫诱选人耳。”

【注释】

①狃（niǔ）：习惯。

外祖雪峰张公家奴子王玉善射。尝自新河携盐租返，遇三盗，三矢仆之，各唾面纵去。一日，携弓矢夜行，见黑狐人立向月拜，引满一发，应弦饮羽。归而寒热大作。是夕，绕屋有哭声曰：“我自拜月炼形，何害有汝？汝无故见杀，必相报恨。汝未衰，当诉诸司命耳。”数日后，窗棂上铿然有声，愕眙[①]惊问。闻窗外语曰：“王玉我告汝：我昨诉汝于地府，冥官检籍，乃知汝过去生中，负冤讼辩，我为刑官，阴庇私党，使汝理直不得申，抑郁愤恚，自刺而死。我堕身为狐，此一矢所以报也。因果分明，我不怨汝。惟当时违心枉拷，尚负汝笞掠百馀。汝肯发愿免偿，则阴曹销籍，来生拜赐多矣。”语讫，似闻叩额声。王叱曰：“今生债尚不了了，谁能索前生债耶？妖鬼速去，无扰我眠。”遂寂然。世见作恶无报，动疑神理之无据，乌知冥冥之中，有如是之委曲哉？

【注释】

①眙（chì）：直盯着。

雍正甲寅[①]，余初随姚安公至京师。闻御史某公性多疑。初典永光寺一宅，其地空旷。虑有盗，夜遣家奴数人，更番司铃柝；犹防其懈，虽严寒溽暑，必秉烛自巡视，不胜其劳。别典西河沿一宅，其地市廛[②]栉比，又虑有火，每屋储水瓮，至夜铃柝巡视，如在永光寺时，不胜其劳。更典虎坊桥东一宅，与余邸隔数家。见屋宇幽邃，又疑有魅。先延僧诵经，放焰口，钹鼓琤琤者数日，云以度鬼。复延道士设坛召将，悬符持咒，钹鼓琤琤者又数日，云以驱狐。宅本无他，自是以后，魅乃大作，抛掷砖瓦，攘窃器物，夜夜无宁居。婢媪仆隶，因缘为奸，所损失无算，论者皆谓妖由人兴。居未一载又典绳匠胡同一宅，去后不通闻问，不知其作何设施矣。姚安公尝曰：“天下本无事，庸人自扰之。”其此公之谓乎。

【注释】

①雍正甲寅：雍正十二年，即1734年。 ②廛（chán）：古地城市平民聚集的地区。

陈竹吟尝馆一富室。有小女奴，闻其母行乞于道，饿垂毙，阴盗钱三千与之。为侪辈所发，鞭箠[①]甚苦。富室一楼，有狐借居，数十年未尝为祟。是日女奴受鞭时，忽楼上哭声鼎沸。怪而仰问，同声应曰：“吾辈虽异类，亦具人心。悲此女年未十岁，而为母受箠，不觉失声。非敢相扰也。”主人投鞭于地，面无人色者数日。

【注释】

①鞭箠：鞭打。

乌鲁木齐遣犯刘刚，骁健绝伦。不耐耕作，伺隙潜逃。至根克忒，将出境矣。夜遇一叟，曰：“汝逋亡者耶？前有卡伦，（卡伦者，戍守瞭望之地也。）恐不得过。不如暂匿我屋中，俟黎明耕者毕出，可杂其中以脱也。”刚从之。比稍辨色，觉恍如梦醒，身坐老树腹中。再视叟，亦非昨貌；谛审之，乃夙所手刃弃尸深涧者也。错愕欲起，逻骑已至，乃弭首就擒。军屯法，遣犯私逃，二十日内自归者，尚可贷死。刚就擒在二十日将曙，介在两歧，屯官欲迁就活之。刚自述所见，知必不免，愿早伏法。乃送辕[①]行刑。杀人于七八年前，久无觉者；而游魂为厉，终索命于二万里外。其可畏也哉！

【注释】

①辕：辕门，古时军营的营门。

莆田林生霈言：闽一县令，罢官居馆舍。夜有群盗破扉入。一媪惊呼，刃中脑仆地。僮仆莫敢出。巷有逻者，素弗善所为，亦坐视。盗遂肆意搜掠。其幼子年十四五，以锦衾蒙首卧。盗掣取衾，见姣丽如好女，嬉笑抚摩，似欲为无礼。中刃媪突然跃起，夺取盗刀，径负是子夺门出。追者皆被伤，乃仅捆载所劫去。县令怪媪已六旬，素不闻其能技击，何勇鸷乃尔。急往寻视，则媪挺立大言曰："我某都某甲也，曾蒙公再生恩。殁后执役土神祠，闻公被劫，特来视。宦赀是公刑求所得，冥判饱盗橐[①]，我不敢救。至侵及公子，则盗罪当诛，故附此媪与之战。公努力为善。我去矣。"遂昏昏如醉卧。救苏问之，懵然不忆。盖此令遇贫人与贫人讼，剖断亦颇公明，故卒食其报云。

【注释】

①橐（tuó）：口袋。

州县官长随[①]，姓名籍贯皆无一定，盖预防奸赃败露，使无可踪迹追捕也。姚安公尝见房师石窗陈公一长随，自称山东朱文；后再见于高淳令梁公润堂家，则自称河南李定。梁公颇倚任之。临启程时，此人忽得异疾，乃托姚安公暂留于家，约痊时续往。其疾自两足趾寸寸溃腐，以渐而上，至胸膈穿漏而死。死后检其橐箧，有小册作蝇头字，记所阅凡十七官。每官皆疏其阴事，详载某时某地，某人与闻，某人旁睹，以及往来书札、谳断案牍，无一不备录。其同类有知之者，曰："是尝挟制数官矣。其妻亦某官之侍婢，盗之窃逃。留一函于几上，官竟弗敢追也。今得是疾，岂非天道哉！"霍丈易书曰："此辈依人门户，本为舞弊而来。譬彼养鹰，断不能责以食谷，在主人善驾驭耳。如善其便捷，委以耳目腹心，未有不倒持干戈，授人以柄者。此人不足责，吾责彼十七官也。"姚安公曰："此言犹未揣其本。使十七官者绝无阴事之可书，虽此人日日橐笔，亦何能为哉？"

【注释】

①长随：古代官员私人聘用的仆役。

卷八　如是我闻二

先叔仪南公言：有王某、曾某，素相善。王艳曾之妇，乘曾为盗所诬引，阴贿吏毙于狱。方营求媒妁，意忽自悔，遂辍其谋。拟为作功德解冤，既而念佛法有无未可知，乃迎曾父母妻子于家，奉养备至。如是者数年，耗其家资之半。曾父母意不自安，欲以妇归王。王固辞，奉养益谨。又数年，曾母病。王侍汤药，衣不解带。曾母临殁，曰："久荷厚恩，来世何以为报乎？"王乃叩首流血，具陈其实，乞冥府见曾为解释。母慨诺。曾父亦手作一札，纳曾母袖中曰："死果见儿，以此付之。如再修怨，黄泉下无相见也。"后王为曾母营葬，督工劳倦，假寐圹[①]侧。忽闻耳畔大声曰："冤则解矣。尔有一女，忘之乎？"愓然而寤，遂以女许嫁其子。后竟得善终。

以必不可解之冤，而感以不能不解之情，真狡黠人哉！然如是之冤犹可解，知无不可解之冤矣。亦足为悔罪者劝也。

【注释】

①圹（kuàng）：墓穴。

一故家子，以奢纵撄[①]法网。殁后数年，亲串中有召仙者，忽附乩自道姓名，且陈愧悔。既而复书曰："仆家法本严，仆之罹祸，以太夫人过于溺爱，养成骄恣之性，故蹈陷阱而不知耳。虽然，仆不怨太夫人。仆于过去生中，负太夫人命，故今以爱之者杀之，隐偿其冤。因果牵缠，非偶然也。"观者皆为太息。夫偿冤而为逆子，古有之矣。偿冤而为慈母，载籍之所未睹也。然据其所言，乃凿然中理。

【注释】

①撄（yíng）：触犯。

族兄次辰言：其同年康熙甲午[①]孝廉某，尝游嵩山，见女子汲溪水。试求饮，欣然与一瓢；试问路，亦欣然指示。因共坐树下语，似颇涉翰墨，不类田家妇。疑为狐魅，爱其娟秀，且相款洽。女子忽振衣起曰："危乎哉！吾几败。"怪而诘之。赧然曰："吾从师学道百馀年，自谓此心如止水。师曰：'汝能不起妄念耳，妄念故在也。不见可欲故不乱，见则乱矣。平沙万顷中，留一粒草子，见雨即芽。汝魔障将至，明日试之，当自知。'

今果遇君，问答留连，已微动一念；再片刻则不自持矣。危乎哉！吾几败。”踊身一跃，直上木杪，瞥如飞鸟而去。

【注释】

①康熙甲午：康熙五十三年，即1714年。

乌鲁木齐巡检所驻，曰呼图壁。呼图译言鬼，呼图壁译言有鬼也。尝有商人夜行，暗中见树下有人影，疑为鬼，呼问之。曰：“吾日暮抵此，畏鬼不敢前，特结伴耳。”因相趁共行，渐相款洽。其人问：“有何急事，冒冻夜行？”商人曰：“吾夙负一友钱四千，闻其夫妇俱病，饮食药饵[1]恐不给，故送往还。”是人却立树背，曰：“本欲祟公，求小祭祀。今闻公言，乃真长者。吾不敢犯公，愿为公前导可乎？”不得已，姑随之。凡道路险阻，皆预告。俄缺月微升，稍能辨物。谛视，乃一无首人。栗然却立，鬼亦奄然而灭。

【注释】

①药饵：药物。

老儒刘挺生言：东城有猎者，夜半睡醒，闻窗纸淅淅作响，俄又闻窗下窸窣声，披衣叱问。忽答曰：“我鬼也。有事求君，君勿怖。”问其何事。曰：“狐与鬼自古不并居，狐所窟穴之墓，皆无鬼之墓也。我墓在村北三里许，狐乘我他往，聚族据之，反驱我不得入。欲与斗，则我本文士，必不胜。欲讼诸土神，即幸而得申，彼终亦报复，又必不胜。惟得君等行猎时，或绕道半里，数过其地，则彼必恐怖而他徙矣。然倘有所遇，勿遽殪[1]获，恐事机或泄，彼又修怨于我也。”猎者如是言。后梦其来谢。夫鹊巢鸠据，事理本直。然力不足以胜之，则避而不争；力足以胜之，又长虑深思而不尽其力。不求幸胜，不求过胜，此其所以终胜欤！孱弱者遇强暴，如此鬼可矣。

【注释】

①遽殪（jù yì）：仓促杀死。

肃宁王太夫人，姚安公姨母也。言其乡有嫠妇，与老姑抚孤子，七八岁矣。妇故有色，媒妁屡至，不肯嫁。会子患痘甚危，延某医诊视。某医遣邻妪密语曰：“是症吾能治。然非妇荐枕，决不往。”妇与姑皆怒谇。既而病将殆，妇姑皆牵于溺爱，私议者彻夜，竟饮泣曲从。不意施治已迟，迄不能救，妇悔恨投缳[1]殒。人但以为痛子之故，不疑有他。姑亦深讳其事，不敢显言。俄而某医死，俄而其子亦死，室弗戒于火，不遗于缕。其妇流落入青楼，乃偶以告所欢云。

【注释】

①投缳：上吊自缢。

里胥宋某，所谓东乡太岁者也。爱邻童秀丽，百计诱与狎。为童父所觉，迫童自缢。其事隐密，竟无人知。一夕，梦被拘至冥府，云为童所诉。宋辩曰："本出相怜，无相害意。死由尔父，实出不虞。"童言："尔不相诱，我何缘受淫？我不受淫，何缘得死？推原祸本，非尔其谁？"宋又辩曰："诱虽由我，从则由尔。回眸一笑，纵体相就者谁乎？本未强干，理难归过。"冥官怒叱曰："稚子无知，陷尔机阱。饵鱼充馔，乃反罪鱼耶？"拍案一呼，栗然惊寤。

后官以贿败，宋名丽案中，祸且不测。自知业报，因以梦备告所亲。逮及狱成，乃仅拟城旦[①]。窃谓梦境无凭也。比三载释归，则邻叟恨子之被污，乘其妇独居，饵以重币，已见金夫不有躬[②]矣。宋畏人多言，竟惭而自缢。然则前之幸免，岂非留以有待，示所作所受，如影随形哉！

【注释】

①城旦：古代刑罚名，筑城四年的劳役。 ②见金夫不有躬：女子见到有钱的男子就失身。

旧仆邹明言：昔在丹阳县署，夜半如厕。过一空屋，闻中有男女媟狎声，以为内衙僮婢，幽会于斯。惧为累，潜踪而返。后月夜复闻之，从窗隙窃窥，则内衙无此人；又时方冱冻[①]，乃裸无寸缕。疑为妖魅，于窗外轻嗽。倏然灭迹。偶与同伴语及，一火夫曰："此前官幕友某所居。幕友有雕牙秘戏像一盒，腹有机轮，自能运动。恒置枕函中，时出以戏玩。一日失去，疑为同事者所藏。终后无迹。岂此物为祟耶？"遍索室中，迄不可得。以不为人害，亦不复追求。殆常在茵席之间，得人精气，久而幻化欤！

【注释】

①冱（hù）冻：天寒地冻。

佃户张九宝言：尝夏日锄禾毕，天已欲暝，与众同坐田塍上。见火光一道如赤练，自西南飞来，突堕于地，乃一狐，苍白色。被创流血，卧而喘息，急举锄击之，复努力跃起，化火光投东北去。后牵车贩鬻至枣强，闻人言某家妇为狐所媚，延道士劾治，已捕得封罂[①]中。儿童辈私揭其符，欲视狐何状。竟破罂飞去。问其月日，正见狐堕之时也。此道士咒术可云有验，然无奈骙[②]稚之窃窥。古来竭力垂成，而败于无知者之手，类如斯也夫。

【注释】

①罂（yīng）：口小肚大的瓶子。 ②骙（ái）：呆，无知。

奇门遁甲之书，所在多有，然皆非真传。真传不过口诀数语，不著诸纸墨也。德州宋清远先生言：曾访一友，（清远曾举其姓名，岁久忘之。清远称雨后泥泞，借某人一驴骑往。则所居不远矣。）友留之宿，曰："良夜月明，观一戏剧可乎？"因取凳十馀，纵横布院中，与清远明烛饮堂上。二鼓后，见一人逾垣入，环转阶前，每遇一凳，辄蹒跚，努力良久乃跨过。始而顺行，曲踊[①]一二百度；转而逆行，又曲踊一二百度。疲极踣卧，天已向曙矣。友引至堂上，诘问何来。叩首曰："吾实偷儿，入宅以后，惟见层层皆短垣，愈越愈不能尽，窘而退出，又愈越愈不能尽，故困顿见擒，死生惟命。"友笑遣之。谓清远曰："昨卜有此偷儿来，故戏以小术。"问："此何术？"曰："奇门法也。他人得之恐召祸，君真端谨，如愿学，当授君。"清远谢不愿。友太息曰："愿学者不可传，可传者不愿学，此术其终绝矣乎！"意若有失，怅怅送之返。

【注释】

①曲踊：指向上跳。

有故家子，日者推其命大贵，相者亦云大贵，然垂老官仅至六品。一日扶乩，问仕路崎岖之故。仙判曰："日者不谬，相者亦不谬，以太夫人偏爱之故，削减官禄至此耳。"拜问："偏爱诚不免，然何至削减官禄？"仙又判曰："礼云继母如母，则视前妻之子当如子；庶子为嫡母服三年，则视庶子亦当如子。而人情险恶，自设町畦[①]，所生与非所生，厘然如水火不相入。私心一起，机械万端。小而饮食起居，大而货财田宅，无一不所生居于厚，非所生者居于薄，斯已干造物之忌矣。甚或离间谗构，密运阴谋，诟谇嚣陵[②]，罔循礼法，使罹毒者吞声，旁观者切齿，犹哓哓[③]称所生者之受抑。鬼神怒视，祖考怨恫，不祸遣其子，何以见天道之公哉？且人之受享，只有此数，此赢彼缩，理之自然。既于家庭之内，强有所增；自于仕宦之途，阴有所减。子获利于兄弟多矣，物不两大，亦何憾于坎坷乎？"其人悚然而退。

伯逸馬晉畫

世情万变，治家者平心处之可矣。

后亲串中一妇闻之，曰："悖哉此仙！前妻之子，恃其年长，无不吞噬其弟者；庶出之子，恃其母宠，无不凌轹[④]其兄者。非有母为之撑拄，不尽为鱼肉乎？"姚安公曰："是虽妒口，然不可谓无此事也。世情万变，治家者平心处之可矣。"

【注释】

①町畦（tǐng qí）：田埂，引申为界限。②嚣陵：亦作"嚣凌"，嚣张凌辱。③哓哓（xiāo xiāo）：争辩的声音。④凌轹（lì）：排挤。

族祖黄图公言：顺治康熙间，天下初定，人心未一。某甲阴为吴三桂谍，以某乙骁健有心计，引与同谋。既而枭獍[①]伏诛，鲸鲵就筑，亦既洗心悔祸，无复逆萌。而往来秘札，多在乙处。书中故无乙名，乙胁以讦发，罪且族灭。不得已以女归乙，赘于家。乙得志益骄，无复人理，迫淫其妇女殆遍，乃至女之母不免；女之幼弟才十三四，亦不免。皆饮泣受污，惴惴然恐失其意。甲抑郁不自聊，恒避于外。一日，散步田间，遇老父对语，怪附近村落无此人。老父曰："不相欺，我天狐也。君固有罪，然乙逼君亦太甚，吾窃不平。今盗君秘札奉还。彼无所挟，不驱自去矣。"因出十馀纸付甲。甲验之良是，即毁裂吞之，归而以实告乙。乙防甲女窃取，密以铁瓶瘗他处。潜往检视，果已无存。乃踉跄引女去。女日与诟谇，旋亦仳离[②]。后其事渐露，两家皆不齿于乡党，各携家远遁。

夫明季之乱极矣，圣朝荡涤洪炉，拯民水火。甲食毛践土已三十馀年，当吴三桂拒命之时，彼已手戮桂王，断不得称楚之三户。则甲阴通三桂，亦不能称殷之顽民。即阖门骈戮，亦不为冤。乙从而污其闺帏，较诸荼毒善良，其罪似应未减，然乙初本同谋，罪原相埒[③]；又操戈挟制，肆厥凶淫，罪实当加甲一等。虽后来食报，无可证明，天道昭昭，谅必无幸免之理也。

【注释】

①枭獍：传说中吞食父母的凶恶鸟兽。②仳离：夫妻离散。③埒（liè）：等同。

益都朱天门言：有书生僦住京师云居寺，见小童年十四五，时来往寺中。书生故荡子，诱与狎，因留共宿。天晓，有客排闼入。书生窘愧，而客若无睹。俄僧送茶入，亦若无睹。书生疑有异，客去，拥而固问之。童曰："公勿怖，我实杏花之精也。"书生骇曰："子其魅我乎？"童曰："精与魅不同。山魈厉鬼，依草附木而为祟，是之谓魅。老树千年，英华内聚，积久而成形，如道家之结圣胎，是之谓精。魅为人害，精则不为人害也。”问：“花妖多女子，子何独男？”曰：“杏有雌雄，吾故雄杏也。”又问：“何为而雌伏？”曰：“前缘也。”又问：“人与草木安有缘？”惭沮良久，曰：“非借人精气，不能炼形故也。”书生曰：“然则子仍魅我耳。”推枕遽起。童亦艴然[①]去。此书生悬崖勒马，可谓大智慧矣。其人盖天门弟子，天门不肯举其名云。

【注释】

①艴（bó）然：生气的样子。

申铁蟾，名兆定，阳曲人。以庚辰[①]举人官知县，主余家最久。庚戌[②]秋，在陕西试用，忽寄一札与余诀。其词恍惚迷离，抑郁幽咽，都不省为何语。而铁蟾固非不得志者，疑不能明也。未几，讣音果至。既而见邵二云赞善，始知铁蟾在西安，病数月。病愈后，入山射猎，归而目前见二圆物如球，旋转如风轮，虽瞑目亦见之。如是数日，忽爆然裂，二小婢从中出，称仙女奉邀。魂不觉随之往。至则琼楼贝阙，一女子色绝代，通词自媒。铁蟾固谢，托以不惯居此宅。女子薄怒，挥之出，霍然而醒。越月馀，目中见二圆物如前，爆出二小婢亦如前，仍邀之往。已别搆一宅，幽折窈窱颇可爱。问：“此何地？”曰佛桑，请题堂额。因为八分书“佛桑香界”字。女子再申前请。意不自持，遂定情。自是恒梦游。久而女子亦昼至，禁铁蟾弗与所亲通。遂渐病。病剧时，方士李某以赤丸饵之，呕逆而卒。其事甚怪，始知前札乃得心疾时作也。

铁蟾聪明绝特，善诗歌，又工八分，驰骋名场，翛然[③]以风流自命。与人交，意气如云，邮筒走天下。中年忽慕神仙，遂生是魔障，迷罔以终。妖以人兴，象由心造。才高意广，翻以好异陨生，其可惜也夫。

【注释】

①庚辰：乾隆二十五年，即1760年。 ②庚戌：乾隆五十五年，即1790年。 ③翛（xiāo）然：无拘无束的样子。

崔庄旧宅，厅事西有南北屋各三楹，花竹翳如，颇为幽僻。先祖在时，奴子张云会夜往取茶具，见垂鬟女子，潜匿树下，背立向墙隅。意为宅中小婢于此幽期，遽捉其臂，欲有所挟。女子突转其面，白如傅粉，而无耳目口鼻。绝叫仆地。众持烛至，则无睹矣。或曰旧有此怪，或曰张云会一时目眩，或曰实一黠婢，猝为人阻，弗能遁，以素巾幕面，伪为鬼状以自脱也。均未知审。然自是群疑不释，宿是院者恒凛凛，夜中亦往往有声。盖人避弗居，斯狐鬼入之耳。又宅东一楼，明隆庆初所建。右侧一小屋，亦云有魅。虽不为害，然婢媪或见之。姚安公一日检视废书，于簏[①]下捉得二獾。众曰："是魅矣。"姚安公曰："獾弭首为童子缚，必不能为魅。然室无人迹，至使野兽为巢穴，则有魅也亦宜。斯皆空穴来风之义也。"后西厅析属从兄垣居，今归从侄汝侗。楼析属先兄晴湖，今归侄汝份。子侄日繁，家无隙地，魅皆不驱自去矣。

【注释】

①簏（lù）：竹篾编的盛物器。

甲与乙相善，甲延乙理家政。及官抚军，并使佐官政，惟其言是从。久而资财皆为所干没，始悟其奸，稍稍谯责[①]之。乙挟甲阴事，遽反噬。甲不胜愤，乃投牒诉城隍。夜梦城隍语之曰："乙险恶如是，公何以信任不疑？"甲曰："为其事事如我意也。"神喟然曰："人能事事如我意，可畏甚矣。公不畏之而反喜之，不公之给而给谁耶？渠恶贯将盈，终必食报。若公则自贻伊戚[②]，可无庸诉也。"此甲亲告姚安公者。事在雍正末年。甲滇人，乙越人也。

【注释】

①谯（qiáo）责：谴责。 ②自贻伊戚：自寻烦恼。

李老人，不知何许人，自称年已数百岁，无可考也。其言支离荒杳，殆前明醒神之流。曩客先师钱文敏公家，余曾见之。符药治病，亦时有小验。文敏次子寓京师水月庵，夜饮醉归，见数十厉鬼遮路，因发狂自劙[①]其腹。余偕陈裕斋、倪馀疆往视，血肉淋漓，仅存一息，似万万无生理。李忽自来舁去，疗半月而创合。人颇以为异。然文敏公误信祝由，割指上疣赘[②]，创发病卒，李疗之竟无验。盖符箓烧炼之术，有时而效，有时而不效也。先师刘文正公曰："神仙必有，然必非今之卖药道士；佛菩萨必有，然必非今之说法禅僧。"斯真千古持平之论矣。

【注释】

①劙（lí）：割，劈。 ②疣赘：泛指毒疮。

昌吉遣犯彭杞，一女年十七，与其妻皆病瘵。妻先殁，女亦垂尽。彭有官田耕作，不能顾女，乃弃置林中，听其生死。呻吟凄楚，见者心恻。同遣者杨熺语彭曰："君大残忍，世宁有是事！我愿舁归疗治，死则我葬，生则为我妻。”彭曰：“大善。”即书券付之。越半载，竟不起。临殁，语杨曰：“蒙君高义，感沁心脾。缘伉俪之盟，老亲慨诺，故饮食寝处，不畏嫌疑；搔仰抚摩，都无避忌。然病骸憔悴，迄今未能一荐枕衾，实多愧负。若殁而无鬼，夫复何言；若魂魄有知，当必有以奉报。”呜咽而终。杨涕泣葬之。葬后，夜夜梦女来，狎昵欢好，一若生人；醒则无所睹。夜中呼之，终不出；才一交睫，即驰服横陈矣。往来既久，梦中亦知是梦，诘以不肯现形之由。曰：“吾闻诸鬼云，人阳而鬼阴，以阴侵阳，必为人害。惟睡则敛阳而入阴，可以与鬼相见。神虽遇而形不接，乃无害也。”此丁亥[①]春事，至辛卯[②]春四年矣。余归之后，不知其究竟如何。

夫卢充金碗，于古尝闻；宋玉瑶姬，偶然一见。至于日日相觌[③]，皆在梦中，则载籍之所希睹也。

【注释】

①丁亥：乾隆三十二年，即1767年。 ②辛卯：乾隆三十六年，即1771年。 ③相觌：相逢。

有孟氏媪清明上冢归，渴就人家求饮。见女子立树下，态殊婉娈，取水饮媪毕，仍邀共坐，意甚款洽。媪问其父母兄弟，对答具有条理。因戏问：“已许嫁未？我为汝媒。”女面赪避入，呼之不出。时已日暮，乃不别而行。越半载，有为媪子议婚者，询知即前女，大喜过望，急促成之。于归后，媪抚其肩曰：“数月不见，汝更长成矣。”女错愕不知所对。细询始末，乃知女十岁失母，鞠[①]于外氏五六年，纳币[②]后始迎归。媪上冢时，原未尝至家也。女家故小姓，又颇窘乏，非媪亲见其明慧，姻未必成。不知是何鬼魅，托形以联其好；又不知鬼魅何所取义，必托形以联其好。事有不可理推者，此类是矣。

【注释】

①鞠：寄养。 ②纳币：收了聘礼。

乾隆壬戌、癸亥[①]间，村落男妇往往得奇疾。男子则尻骨生尾，如鹿角，如珊瑚枝。女子则患阴挺，如葡萄，如芝菌。有能医之者，一割立愈，不医则死。喧言有妖人投药于井，使人饮水成此病，因以取利。内阁学士永公，时为河间守，或请捕医者治之，公曰：“是事诚可疑，然无实据。一村不过三两井，严守视之，自无所施其术。倘一逮问，则无人复敢医此证，恐死者多矣。凡事宜熟虑其后，勿过急也。”固不许。患亦寻息。郡人或以为镇定，或以为纵奸。

后余在乌鲁木齐，因牛少价昂，农颇病。遂严禁屠者，价果减。然贩牛者闻牛贱，皆不肯来。次岁牛价乃倍贵。驰其禁，始渐平。又深山中盗采金者，殆数百人。捕之恐激变，听之又恐养痈。因设策断其粮道，果饥而散出。然散出之后，皆穷为盗，巡防察缉，竟日纷纷。经理半载，始得靖。乃知天下事但知其一，不知其二，多有收目前之效而贻后日之忧者。始服永公"熟虑其后"一言，真"瞻言[2]百里"也。

【注释】

①乾隆壬戌、癸亥：乾隆七年、八年，即1742、1743年。②瞻言：有远见的言论。

卷九　如是我闻三

伶人方俊官，幼以色艺擅场，为士大夫所赏。老而贩鬻古器，时来往京师。尝览镜自叹曰："方俊官乃作此状！谁信曾舞衫歌扇，倾倒一时耶！"倪馀疆感旧诗曰："落拓江湖鬓欲丝，红牙[1]按曲记当时。庄生蝴蝶归何处？惆怅残花剩一枝。"即为俊官作也。俊官自言本儒家子，年十三四时，在乡塾读书。忽梦为笙歌花烛拥入闺闼，自顾则绣裙锦帔，珠翠满头；俯视双足，亦纤纤作弓弯样，俨然一新妇矣。惊疑错愕，莫知所为。然为众手挟持，不能自主，竟被扶入帏中，与一男子并肩坐；且骇且愧，悸汗而寤。后为狂且所诱，竟失身歌舞之场，乃悟事皆前定也。馀疆曰："卫洗马问乐令梦，乐云是想。汝殆积有是想，乃有是梦。既有是想是梦，乃有是堕落。果自因生，因由心造，安可委诸夙命耶？"

余谓此辈沉沦贱秽，当亦前身业报受在今生，未可谓全无冥数。馀疆所言，特正本清源之论耳。后苏杏村闻之，曰："晓岚以三生论因果，惕以未来。馀疆以一念论因果，戒以现在。虽各明一义，吾终以馀疆之论，可使人不放其心。"

【注释】

①红牙：唱歌时打拍子用的牙板，用红檀木制成。

族祖黄图公言：尝访友至北峰，夏夜散步村外，不觉稍远。闻秫田[1]中有呻吟声，寻声往视，乃一童子裸体卧。询其所苦，言薄暮过此，遇垂髫艳女。招与语，悦其韶秀，就与调谑。女言父母皆外出，邀到家小坐。

引至秫叶深处，有屋三楹，阒无一人。女阖其户，出瓜果共食。笑言既洽，驰衣登榻。比拥之就枕，则女忽形为男子，状貌狰狞，横施强暴。怖不敢拒，竟受其污。蹂躏楚毒，至于晕绝。久而渐苏，则身卧荒烟蔓草间，并室庐失所在矣。盖魅悦此童之色，幻女形以诱之也。见利而趋，反为利饵，其自及也宜矣。

【注释】

①秫（shú）田：种植黏高粱之田。

先师赵横山先生，少年读书于西湖，以寺楼幽静，设榻其上。夜闻室中窸窣声，似有人行，叱问："是鬼是狐？何故扰我？"徐闻嗫嚅而对曰："我亦鬼亦狐。"又问："鬼则鬼，狐则狐耳，何亦鬼亦狐也？"良久，复对曰："我本数百岁狐，内丹已成，不幸为同类所搤[1]杀，盗我丹去。幽魂沉滞，今为狐之鬼也。"问："何不诉诸地下？"曰："凡丹由吐纳导引而成者，如血气附形，融合为一，不自外来，人弗能盗也；其由采补而成者，如劫夺之财，本非己物，故人可杀而吸取之。吾媚人取精，所伤害多矣。杀人者死，死当其罪，虽诉神，神不理也。故宁郁郁居此耳。"问："汝居此楼，作何究竟？"曰："本匿影韬声，修太阴炼形之法。以公阳光熏烁，阴魄不宁，故出而乞哀，求幽明各适。"言讫，惟闻搏颡[2]声，问之不复再答。先生次日即移出。尝举以告门人曰："取非所有者，终不能有，且适以自戕也，可畏哉！"

【注释】

①搤：同"扼"。②搏颡（sǎng）：磕头。

余某者，老于幕府，司刑名四十馀年，后卧病濒危，灯前月下，恍惚似有鬼为厉者。余某慨然曰："吾存心忠厚，誓不敢妄杀一人，此鬼胡为乎来耶？"夜梦数人浴血立，曰："君知刻酷之积怨，不知忠厚亦能积怨也。夫茕茕孱弱，惨被人戕，就死之时，楚毒万状；孤魂饮泣，衔恨九泉，惟望强暴就诛，一申积愤。而君但见生者之可悯，不见死者之可悲，刀笔舞文，曲相开脱。遂使凶残漏网，白骨沉冤。君试设身处地，如君无罪无辜，受人屠割，魂魄有知，旁观谳是狱者改重伤为轻，改多伤为少，改理曲为理直，改有心为无心，使君切齿之仇，从容脱械，仍纵横于人世，君感乎怨乎？不是之思，而诩诩以纵恶为阴功。彼枉死者，不仇君而仇谁乎？"余某惶怖而寤，以所梦备告其子，回手自挞[1]曰："吾所见左矣！吾所见左矣！”就枕未安而殁。

【注释】

①自抝（zhuā）：自己敲打自己。

雍正丙午、丁未[①]间，有流民乞食过崔庄，夫妇并病疫。将死，持券哀呼于市，愿以幼女卖为婢，而以卖价买二棺。先祖母张太夫人为葬其夫妇，而收养其女，名之曰连贵。其券署父张立，母黄氏，而不著籍贯，问之已不能语矣。连贵自云，家在山东，门临驿路，时有大官车马往来，距此约行一月馀，而不能举其县名。又云，去年曾受对门胡家聘。胡家亦乞食外出，不知所往。越十馀年，杳无亲戚来寻访，乃以配圉人刘登。登自云山东新泰人，本姓胡，父母俱殁，有刘氏收养之，因从其姓。小时闻父母为聘一女，但不知姓氏。登既胡姓，新泰又驿路所经，流民乞食，计程亦可以月馀，与连贵言皆符。颇疑其乐昌之镜，离而复合，但无显证耳。

先叔栗甫公曰："此事稍为点缀，竟可以入传奇。惜此女蠢若鹿豕，惟知饱食酣眠，不称点缀，可恨也。"边随园征君曰："'秦人不死，信苻生之受诬；蜀老犹存，知诸葛之多枉。'（四语乃刘知几《史通》之文。苻生事见《洛阳伽蓝记》，诸葛事见《魏书·毛修之传》。浦二田注《史通》以为未详，盖偶失考。）史传不免于缘饰，况传奇乎？《西楼记》称穆素晖艳若神仙，吴林塘言其祖幼时及见之，短小而丰肌，一寻常女子耳。然则传奇中所谓佳人，半出虚说。此婢虽粗，倘好事者按谱填词，登场度曲，他日红氍毹[②]上，何尝不莺娇花媚耶？先生之论，犹未免于尽信书也。"

【注释】

①雍正丙午、丁未：雍正四年、五年，即1726、1727年。 ②氍毹（qú shū）：一种有花纹图案的毛毯，产自西域，演戏时常用于铺在地上，故常借指演出场所。

胥魁[①]有善博者，取人财犹探物于囊，犹不持兵而劫夺也。其徒党密相羽翼，意喻色授，机械百出，犹臂指之相使，犹呼吸之相通也。骏竖[②]多财者，则犹鱼吞饵，犹雉遇媒耳。如是近十年，橐金巨万，俾其子贾于长芦，规什一之利。子亦狡黠，然冶荡好渔色。有堕其术而破家者，衔之次骨，乃乞与偕往，而阴导之为北里游。舞衫歌扇，耽玩忘归，耗其资十之九。胥魁微有所闻，自往检校，已不可收拾矣。论者谓事虽人谋，亦有天道：仇者之动此念，殆神启其心欤？不然，何前愚而后智也！

【注释】

①胥魁：差役头目。 ②骙竖：笨蛋。

先母张太夫人，尝雇一张媪司炊，房山人也，居西山深处。言其乡有贫极弃家觅食者，素未外出，行半日即迷路。石径崎岖，云阴晦暗，莫知所适。姑枯坐树下，俟天晴辨南北。忽一人自林中出，三四人随之，并狰狞伟岸，有异常人。心知非山灵即妖魅，度不能隐避，乃投身叩拜，泣诉所苦。其人恻然曰："尔勿怖，不害汝也。我是虎神，今为诸虎配食料。待虎食人，尔收其衣物，足自活矣。"因引至一处。嗷然长啸，众虎坌集。其人举手指挥，语啁哳[①]不可辨。俄俱散去，惟一虎留丛莽间。俄有荷担度岭者，虎跃起欲搏，忽辟易而退。少顷，一妇人至，乃搏食之。捡其衣带，得数金，取以付之，且告曰："虎不食人，惟食禽兽。其食人者，人而禽兽者耳。大抵人天良未泯者，其顶上必有灵光，虎见之即避。其天良澌灭者，灵光全息，与禽兽无异，虎乃得而食之。顷前一男子，凶暴无人理，然攘夺所得，犹恤其寡嫂孤侄，使不饥寒。以是一念，灵光煜煜如弹丸，故虎不敢食。后一妇人，弃其夫而私嫁，尤虐其前妻之子，身无完肤，更盗后夫之金，以贻前夫之女，即怀中所携是也。以是诸恶，灵光消尽，虎视之，非复人身，故为所啖。尔今得遇我，亦以善事继母，辍妻子之食以养，顶上灵光高尺许。故我得而佑之，非以尔叩拜求哀也。勉修善业，当尚有后福。"因指示归路，越一日夜得至家。

张媪之父与是人为亲串，故得其详。时家奴之妇，有虐使其七岁孤侄者，闻张媪言，为之少戢[②]。圣人以神道设教，信有以夫。

【注释】

①啁哳（zhāo zhā）：形容声音繁杂细碎。 ②少戢（jí）：收敛。

奴子李福之妇，悍戾绝伦，日忤其姑舅，面詈背诅，无所不至。或微讽以不孝有冥谪[①]，辄掉头哂曰："我持观音斋，诵观音咒，菩萨以甚深法力，消灭罪愆，阎罗王其奈我何？"后婴恶疾，楚毒万端，犹曰："此我诵咒未漱口，焚香用炊火，故得此报，非有他也。"愚哉！

【注释】

①冥谪：阴间的责罚。

吴江吴林塘言：其亲表有与狐女遇者，虽无疾病，而惘惘恒若神不足。父母忧之，闻有游僧能劾治，试往祈请。僧曰："此魅与郎君夙缘，无相害意。郎君自耽玩过度耳。然恐魅不害郎君，郎君不免自害。当善遣之。”乃夜诣其家，趺坐诵梵咒。家人遥见烛下似绣衫女子，冉冉再拜。僧举拂子曰：“留未尽缘作来世欢，不亦可乎？”欻然而隐，自是遂绝。

林塘知其异人，因问以神仙感遇之事。僧曰：“古来传记所载，有寓言者，有托名者，有借抒恩怨者，有喜谈诙诡，以诧异闻者，有点缀风流以为佳话，有本无所取而寄情绮语，如诗人之拟艳词者：大都伪者十八九，真者十一二。此一二真者，又大都皆才鬼灵狐，花妖木魅，而无一神仙。其称神仙必诡词。夫神正直而聪明，仙冲虚而清静，岂有名列丹台[①]，身依紫府，复有荡姬佚女，参杂其间，动入桑中之会[②]哉？”林塘叹其精识，为古所未闻。

说是事时，林塘未举其名字。后以问林塘子钟侨，钟侨曰：“见此僧时，才五六岁。当时未闻呼名字，今无可问矣。惟记其语音，似杭州人也。”

【注释】

①丹台：与下文“紫府”均为道教所说的仙人居所。 ②桑中之会：男女幽会。

交河有书生，日暮独步田野间，遥见似有女子，避入秫田。疑荡妇之赴幽期者，逼往视之，寂无所睹，疑其窜伏深丛，不复追迹。归而大发寒热，且作谵语[①]曰：“我饿鬼也，以君有禄相，不敢触忤，故潜匿草间。不虞忽相顾盼，枉步相寻。既尔有情，便当从君索食，乞惠薄奠，即从此辞。”其家为具纸钱肴酒，霍然而愈。苏进士语年曰：“此君本无邪心，以偶尔多事，遂为此鬼所乘。小人之于君子，恒伺隙而中之也。言动可不慎哉！”

【注释】

①谵语：胡话。

张完质舍人，僦居一宅，或言有狐。移入之次日，书室笔砚皆开动，又失红柬一方。纷纭询问间，忽一钱铮然落几上，若偿红柬之值也。俄喧言[①]所失红柬，粘宅后空屋。完质往视，则楷书“内室止步”四字，亦颇端正。完质曰：“此狐狡狯。”恐其将来恶作剧，乃迁去。闻此宅在保安寺街，疑即翁覃溪宅也。

【注释】

①喧言：大声喧嚷。

李又聃先生言：东光某氏宅有狐。一日，忽掷砖瓦，伤盆盎，某氏詈之。夜闻人叩窗语曰："君睡否？我有一言。邻里乡党，比户而居，小儿女或相触犯，事理之常，可恕则恕之，必不可恕，告其父兄，自当处置。遽加以恶声[①]，于理毋乃不可。且我辈出入无形，往来不测，皆君闻见所不及，提防所不到。而君攘臂以为难，庸有幸乎？于势亦必不敌，幸熟计之。"某氏披衣起谢，自是遂相安。会亲串中有以僮仆微衅，酿为争斗，几成大狱者，又聃先生叹曰："殊令人忆某氏狐。"

【注释】

①恶声：谩骂的坏话。

余七八岁时，见奴子赵平自负其胆，老仆施祥摇手曰："尔勿恃胆，吾已以恃胆败矣。吾少年气最盛，闻某家凶宅无人敢居，径携襆被卧其内。夜将半，剨然有声，承尘中裂，忽堕下一人臂，跳掷不已；俄又堕一臂，又堕两足，又堕其身，最后乃堕其首，并满屋迸跃如猿猱。吾错愕不知所为。俄已合为一人，刀痕杖迹，腥血淋漓，举手直来搦[①]吾颈。幸夏夜纳凉，挂窗未阖，急自窗跃出，狂奔而免。自是心胆并碎，至今犹不敢独宿也。汝恃胆不已，无乃不免如我乎！"平意不谓然，曰："丈原大误，何不先捉一段，使不能凑合成形？"后夜饮醉归，果为群鬼所遮，掖入粪坑中，几于灭顶。

【注释】

①搦（nuò）：捉，按。

安邑宋半塘，尝官鄞县[①]。言鄞有一生，颇工文，而偃蹇[②]不第。病中梦至大官署，察其形状，知为冥司。遇一吏，乃其故人，因叩以此病得死否。曰："君寿未尽而禄尽，恐不久来此。"生言："生平以馆谷糊口，无过分之暴殄，禄何以先尽？"吏太息曰："正为受人馆谷而疏于训课，冥司谓无功窃食，即属虚糜。销除其应得之禄，补所探支，故寿未尽而禄尽也。盖在三[③]之义，名分本尊，利人脩脯，误人子弟，谴责亦最重。有官禄者减官禄，无官禄者则减食禄，一锱一铢，计较不爽。世徒见才士通儒，或贫或夭，动言天道之难明，乌知自误生平，罪多坐此哉！"生怅然而寤，病果不起。临殁，举以戒所亲，故人得知其事云。

【注释】

①鄞（yín）县：地名，位于今天的浙江南部。②偃蹇（yǎn jiǎn）：困顿。③在三：指代礼敬君、父、师。

乙亥冬日摹元人
秋林散牧圖 趙仲穆

尔勿恃胆，吾已以恃胆败矣。

从舅安公介然言：佃户刘子明，家粗裕。有狐居其仓屋中，数十年一无所扰，惟岁时祭以酒五琖[①]，鸡子数枚而已。或遇火盗，辄叩门窗作声，使主人知之。相安已久。一日，忽闻吃吃笑不止，问之不答，笑弥甚。怒而诃之。忽应曰："吾自笑厚结盟之兄弟、而疾其亲兄弟者也。吾自笑厚其妻前夫之子、而疾其前妻之子者也。何预于君，而见怒如是？"刘大惭，无以应。俄闻屋上朗诵《论语》曰："法语之言，能无从乎？改之为贵。巽语[②]之言，能无说乎？绎之为贵。"太息数声而寂。刘自是稍改其所为。后余以告邵闇谷，闇谷曰："此至亲密友所难言，而狐能言之；此正言庄论所难入，而狐以诙谐悟之。东方曼倩何加焉！予倘到刘氏仓屋，当向门三揖之。"

【注释】

①琖（zhǎn）：小杯子。 ②巽（xùn）语：恭顺的言语。

玛纳斯有遣犯之妇，入山樵采，突为玛哈沁所执。玛哈沁者，额鲁特之流民，无君长，无部族，或数十人为队，或数人为队；出没深山中，遇禽食禽，遇兽食兽，遇人即食人。妇为所得，已褫衣缚树上，炽火于旁。甫割左股一脔[①]，倏闻火器一震，人语喧阗，马蹄声殷动山谷。以为官军掩至，弃而遁。盖营卒牧马，偶以鸟枪击雉子，误中马尾。一马跳掷，群马皆惊，相随逸入万山中，共噪而追之也。使少迟须臾，则此妇血肉狼藉矣，岂非若或使之哉！妇自此遂持长斋，尝谓人曰："吾非佞佛求福也。天下之痛苦，无过于脔割者；天下之恐怖，亦无过于束缚以待脔割者。吾每见屠宰，辄忆自受楚毒时；思彼众生，其痛苦恐怖，亦必如我。故不能下咽耳。"此言亦可告世之饕餮者也。

【注释】

①脔（luán）：切成小块的肉。

从伯君章公言：前明青县张公，十世祖赞祁公之外舅也。尝与邑人约，连名讼县吏。乘马而往，经祖墓前，有旋风扑马首。惊而堕，从者舁[①]以归。寒热陡作，忽迷忽醒，恍惚中似睹鬼物。将延巫禳解，忽起坐，作其亡父语曰："尔勿祈祷，扑尔马者我也。凡讼无益：使理曲，何可讼？使理直，公论具在，人人为扼腕，是即胜矣，何必讼？且讼役讼吏，为患尤大：讼不胜，患在目前；幸而胜，官有来去，此辈长子孙必相报复，患在后日。吾是以阻尔行也。"言讫，仍就枕，汗出如雨。比睡醒，则霍然矣。既而连名者皆败，始信非谵语也。此公闻于伯祖湛元公者。湛元公一生未与人涉讼，盖守此戒云。

【注释】

①舁（yú）：抬。

世有圆光术[1]：张素纸于壁，焚符召神，使五六岁童子视之。童子必见纸上突现大圆镜，镜中人物，历历示未来之事，犹卦影也。但卦影隐示其象，此则明著其形耳。庞斗枢能此术，某生素与斗枢狎，尝觊觎一妇，密祈斗枢圆光，观谐否。斗枢骇曰："此事岂可渎鬼神。"固强之。不得已勉为焚符，童子注视良久曰："见一亭子，中设一榻，三娘子与一少年坐其上。"三娘子者，某生之亡妾也。方诟责童子妄语，斗枢大笑曰："吾亦见之。亭中尚有一匾，童子不识字耳。"怒问："何字？"曰："'己所不欲'四字也。"某生默然，拂衣去。或曰："斗枢所焚实非符，先以饼饵诱童子，教作是语。"是殆近之。虽曰恶谑，要未失朋友规过之义也。

【注释】

①圆光术：中国古代民间流行的一种法术，类似于扶乩，将一面圆镜用布或纸蒙起来，施术人沐浴更衣将麻油涂于纸面和手上，然后念咒语，同时请两个童子观看镜子，让他们叙述镜子里面出现的画面和情景。

两世夫妇，如韦皋、玉箫者，盖有之矣。景州李西崖言：乙丑[1]会试，见贵州一孝廉，述其乡民家生一子，甫能言，即云我前生某氏之女，某氏之妻，夫名某字某；吾卒时夫年若干，今年当若干；所居之地，距民家四五日程耳。此语渐闻。至十四五岁时，其故夫知有是说，径来寻问。相见涕泗，述前生事悉相符。是夕竟抱被同寝。其母不能禁，疑而窃听，灭烛以后，已妮妮儿女语矣。母怒，逐其故夫去。此子愤悒不食，其故夫亦栖迟旅舍不肯行。一日防范偶疏，竟相偕遁去，莫知所终。异哉此事！古所未闻也。此谓发乎情而不止乎礼矣。

【注释】

①乙丑：乾隆十年，即1745年。

及孺爱先生言：其仆自邻村饮酒归，醉卧于路。醒则草露沾衣，月向午矣。欠伸之顷，见一人瑟缩立树后，呼问"为谁"。曰："君勿怖，身乃鬼也。此间群鬼喜嬲[1]醉人，来为君防守耳。"问："素昧生平，何以见护？"曰："君忘之耶？我殁之后，有人为我妇造蜚语，君不平而白其诬，故九泉衔感也。”言讫而灭，竟不及问其为谁，亦不自记有此事。盖无心一语，黄壤已闻。然则有意造言者，冥冥之中宁免握拳啮齿耶！

【注释】

①嬲（niǎo）：戏弄。

吴惠叔言：医者某生，素谨厚。一夜有老媪持金钏一双，就买堕胎药。医者大骇，峻拒之。次夕，又添持珠花两枝来。医者益骇，力挥去。越半载馀，忽梦为冥司所拘，言有诉其杀人者。至则一披发女子，项勒红巾，泣陈乞药不与状。医者曰：“药以活人，岂敢杀人以渔利！汝自以奸败，于我何尤？”女子曰：“我乞药时，孕未成形，倘得堕之，我可不死。是破一无知之血块，而全一待尽之命也。既不得药，不能不产，以致子遭扼杀，受诸痛苦，我亦见逼而就缢。是汝欲全一命，反戕两命矣。罪不归汝，反归谁乎？”冥官喟然曰：“汝之所言，酌乎时势；彼所执者，则理也。宋以来，固执一理而不揆[1]事势之利害者，独此人也哉？汝且休矣！”拊几有声，医者悚然而寤。

【注释】

①揆（kuí）：揣测。

卷十　如是我闻四

沧州插花庙老尼董氏言：尝夜半睡醒，闻佛殿磬声铿然，如有人礼拜者。次日，告其徒。曰：“师耳鸣也。”至夜复然，乃潜起蹑足窥之。佛光青荧，依稀辨物，见击磬者乃其亡师，一少妇对佛长跪，喁喁[1]絮祝。回面向内，不识为谁。细听所祝，则为夫病祈福也。恐怖失措，触朱槅[2]有声。阴气冥濛，灯火骤暗。再明，则已无睹矣。先外祖雪峰张公曰：“此少妇已入黄泉，犹忧夫病，闻之使人增伉俪之情。”

董尼又言：近一卖花媪，夜经某氏墓，突见某夫人魂立树下，以手招之。无路可避，因战栗拜谒。某夫人曰：“吾夜夜在此，待一相识人寄信，望眼几穿，今乃见尔。归告我女我婿，一切阴谋，鬼神皆已全知，无更枉抛心力。吾在冥府，大受鞭笞；地下先亡，更人人唾詈。无地自容，日惟避此树边，苦雨凄风，酸辛万状。尚不知沉沦几载，得付转轮。似闻须所夺小郎赀财耗散都尽，始冀有生路也。又婿有密札数纸，病中置螺甸[③]小箧中。嘱其检出毁灭，免为他日口实。”丁宁再三，呜咽而灭。媪潜告其女，女怒曰：“为小郎游说耶！”迨于箧中见前札，乃始悚然。后女家日渐消败。亲串中知其事者，皆合掌曰：“某夫人生路近矣。”

【注释】

①喁喁：语音低柔的样子。 ②槅：门窗的格子，这里指门。 ③螺甸：一种将贝壳或螺蛳壳镶嵌在家具上的工艺。

沧州瞽者蔡某，每过南山楼下，即有一叟邀之弹唱，且对饮。渐相狎，亦时至蔡家共酌。自云姓蒲，江西人，因贩磁到此。久而觉其为狐，然契分甚深，狐不讳，蔡亦不畏也。

会有以闺阃[①]蜚语涉讼者，众议不一。偶与狐言及，曰：“君既通灵，必知其审。”狐艴然曰：“我辈修道人，岂干预人家琐事？夫房帏秘地，男女幽期，暧昧难明，嫌疑易起。一犬吠影，每至于百犬吠声。即使果真，何关外人之事？乃快一时之口，为人子孙数世之羞，斯已伤天地之和，召鬼神之忌矣。况杯弓蛇影，恍惚无凭，而点缀铺张，宛如目睹。使人忍之不可，辨之不能，往往致抑郁难言，含冤毕命。其怨毒之气，尤历劫难消。苟有幽灵，岂无业报？恐刀山剑树之上，不能不为是人设一坐也。汝素朴诚，闻此事自当掩耳，乃考求真伪，意欲何为？岂以失明不足，尚欲犁舌[②]乎？”投杯径去，从此遂绝。蔡愧悔，自批其颊，恒述以戒人，不自隐匿也。

【注释】

①闺阃（guī kǔn）：妇女居住的地方。 ②犁舌：割舌头。

舅氏张公梦征言：所居吴家庄西，一丐者死于路，所畜犬守之不去。夜有狼来啖其尸，犬奋啮不使前；俄诸狼大集，犬力尽踣，遂并为所啖。惟存其首，尚双目怒张，眦如欲裂。有佃户守瓜田者亲见之。又程易门在乌鲁木齐，一夕，有盗入室。已逾垣将出，所畜犬追啮其足。盗抽刃斫[①]之，至死啮终不释，因就擒。时易门有仆，曰龚起龙，方负心反噬。皆曰程太守家有二异：一人面兽心，一兽面人心。

【注释】

①斫（zhuó）：用刀斧砍。

小奴玉保言：特纳格尔农家，忽一牛入其牧群，甚肥健。久而无追寻者，询访亦无失牛者，乃留畜之。其女年十三四，偶跨此牛往亲串家。牛至半途，不循蹊径，负女度岭蓦[①]涧，直入乱山。崖陡谷深，堕必糜碎，惟抱牛颈呼号。樵牧者闻声追视，已在万峰之顶，渐灭没于烟霭间。其或饲虎狼，或委溪壑，均不可知矣。皆咎其父贪攘此牛，致罹大害。余谓此牛与此女，合是夙冤，即驱逐不留，亦必别有以相报也。

【注释】

①蓦：跨越。

飞万又言：一书生最有胆，每求见鬼不可得。一夕，雨霁月明，命小奴携罂酒诣丛冢间，四顾呼曰："良夜独游，殊为寂寞。泉下诸友，有肯来共酌者乎？"俄见磷火荧荧，出没草际。再呼之，呜呜环集，相距丈许，皆止不进。数其影约十馀，以巨杯挹酒洒之，皆俯嗅其气。有一鬼称酒绝佳，请再赐。因且洒且问曰："公等何故不轮回？"曰："善根在者转生矣，恶贯盈者堕狱矣。我辈十三人，罪根未满，待轮回者四；业报沉沦，不得轮回者九也。"问："何不忏悔求解脱？"曰："忏悔须及未死时，死后无着力处矣。"酒洒既尽，举罂示之，各踉跄去。中一鬼回首丁宁曰："饿鬼得沃壶觞[①]，无以报德。谨以一语奉赠，忏悔须及未死时也。"

【注释】

①沃壶觞（shāng）：饮酒。

有额鲁特女，为乌鲁木齐民间妇，数年而寡。妇故有姿首，媒妁[①]日叩其门。妇谢曰："嫁则必嫁。然夫死无子，翁已老，我去将谁依？请待养翁事毕，然后议。"有欲入赘其家代养其翁者。妇又谢曰："男子性情不可必，万一与翁不相安，悔且无及。亦不可。"乃苦身操作，翁温饱安乐，竟胜于有子时。越六七年，翁以寿终。营葬毕，始痛哭别墓，易彩服升车去。论者惜其不贞，而不能不谓之孝。内阁学士永公时镇其地，闻之叹曰："此所谓质美而未学。"

【注释】

①媒妁（shuò）：媒人。

许文木言：其亲串有新得官者，盛具牲醴[①]享祖考。有巫能视鬼，窃语人曰："某家先灵受祭时，皆颜色惨沮，如欲下泪。而后巷某家之鬼，乃坐对门屋脊上，翘足而笑。是何故也？"后其人到官未久，即伏法。始悟其祖考悲泣之由。而某甲之喜，则终不解。久而有知其阴事者曰："某甲女有色，是尝遣某妪诱以金珠，同宿数夕。人不知而鬼知也。谁谓冥冥中可堕行哉!”

【注释】

①牲醴：祭祀用的牺牲和甜酒。

香畹又言：一孝廉颇善储蓄，而性啬。其妹家至贫，时逼除夕，炊烟不举。冒风雪徒步数十里，乞贷三五金，期明春以其夫馆谷偿。坚以窘辞。其母涕泣助请，辞如故。母脱簪珥付之去，孝廉如弗闻也。是夕，有盗穴壁入，罄所有去。迫于公论，弗敢告官捕。越半载，盗在他县败，供曾窃孝廉家，其物犹存十之七。移牒来问，又迫于公论，弗敢认。其妇吝财不能忍，阴遣子往认焉。孝廉内愧，避弗见客者半载。

夫母子天性，兄妹至情，以啬之故，漠如陌路。此真闻之扼腕矣。乃盗遽乘之，使人一快；失而弗敢言，得而弗敢取，又使人再快。至于椎心茹痛[①]，自匿其瑕，复败于其妇，瑕终莫匿，更使人不胜其快。颠倒播弄，如是之巧，谓非若或使之哉！然能愧不见客，吾犹取其足为善。充此一愧，虽以孝友闻可也。

【注释】

①椎心茹痛：忍着椎心之痛。

庭和又言：有兄死而吞噬其孤侄者，迫胁侵蚀，殆无以自存。一夕，夫妇方酣眠，忽梦兄仓皇呼曰：“起起！火已至。”醒而烟焰迷漫，无路可脱，仅破窗得出。喘息未定，室已崩摧，缓须臾，则灰烬矣。次日，急召其侄，尽还所夺。人怪其数朝之内，忽跖忽夷[①]。其人流涕自责，始知其故。此鬼善全骨肉，胜于为厉多多矣。

【注释】

①忽跖忽夷：忽好忽坏。跖，指盗跖；夷，指伯夷。

汪御史香泉言：布商韩某，昵一狐女，日渐尪羸[①]。其侣求符箓劾禁，暂去仍来。一夕，与韩共寝，忽披衣起坐曰：“君有异念耶？何忽觉刚气砭人，刺促不宁也？”韩曰：“吾无他念。惟邻人吴某，迫于债负，鬻其子为歌童。吾不忍其衣冠之后沦下贱，捐四十金欲赎之，故辗转未眠耳。”狐女蹶然推枕曰：“君作是念，即是善人。害善人者有大罚，吾自此逝矣。”以吻相接，嘘气良久，乃挥手而去，韩自是壮健如初。

【注释】

①尪羸（wāng léi）：羸弱。

戴遂堂先生曰：尝见一巨公，四月八日在佛寺礼忏放生。偶散步花下，遇一游僧，合掌曰："公至此何事？"曰："作好事也。"又问："何为今日作好事？"曰："佛诞日也。"又问："佛诞日乃作好事，馀三百五十九日皆不当作好事乎？公今日放生，是眼前功德，不知岁岁庖厨之所杀，足当此数否乎？"巨公猝不能对。知客僧代叱曰："贵人护法，三宝增光。穷和尚何敢妄语！"游僧且行且笑曰："紫衣和尚不语，故穷和尚不得不语也。"掉臂径出，不知所往。一老僧窃叹曰："此阇黎[①]大不晓事；然在我法中，自是突闻狮子吼矣。"

昔五台僧明玉尝曰："心心念佛，则恶意不生，非日念数声，即为功德也。日日持斋，则杀业永除，非月除数日即为功德也。燔炙肥甘，晨昏餍饫[②]，而月限某日某日不食肉，谓之善人。然则苞苴公行[③]，簠簋不饰[④]，而月限某日某日不受钱，谓之廉吏乎？"与此游僧之言，若相印合。李杏浦总宪则曰："此为彼教言之耳。士大夫终身茹素，势必不行。得数日持月斋，则此数日可减杀；得数人持月斋，则此数人可减杀，不愈于全不持乎？"是亦见智见仁，各明一义。第不知明玉傥在，尚有所辨难否耳？

【注释】

①阇（shé）黎：泛指僧人。 ②餍饫（yàn yù）：食物极丰盛的样子。 ③苞苴公行：公开向人行贿。 ④簠簋（fǔ guǐ）不饰：为官不廉洁。

至危至急之地，或忽出奇焉；无理无情之事，或别有故焉。破格而为之，不能胶柱而断之也。吾乡一媪，无故率媪姬数十人，突至邻村一家，排闼强劫其女去。以为寻衅，则素不往来；以为夺婚，则媪又无子。乡党骇异，莫解其由。女家讼于官，官出牒拘摄，媪已携女先逃，不知踪迹；同行婢媪，亦四散逋亡。累绁[①]多人，辗转推鞫，始有一人吐实，曰："媪一子，病瘵垂殁，媪抚之恸曰：'汝死自命，惜哉不留一孙，使祖父竟为馁鬼也。'子呻吟曰：'孙不可必得，然有望焉。吾与某氏女私昵，孕八月矣，但恐产必见杀耶。'子殁后，媪咄咄独语十馀日，突有此举。殆劫女以全其胎耳。"官怃然曰："然则是不必缉，过两三月自返耳。"届期果抱孙自首，官无如之何，仅断以不应重律，拟杖纳赎而已。此事如兔起鹘落[②]，少纵即逝。此媪亦捷疾若神矣。

安静涵言：其携女宵遁时，以三车载婢媪，与己分四路行，故莫测所在。又不遵官路，横斜曲折，岐复有岐，故莫知所向。且晓行夜宿，不淹留一日，俟分娩乃税宅，故莫迹所居停。其心计尤周密也。女归，为父母所弃，遂偕媪抚孤，竟不再嫁。以其初涉溱洧[3]，故旌典不及，今亦不著其氏族焉。

【注释】

①累绁（xiè）：囚禁。②兔起鹘落：兔子刚跳起鹘就飞扑上去，比喻动作敏捷。③溱洧（zhēn wěi）：《诗经·郑风》篇名，此处指私订终身。

李庆子言：尝宿友人斋中，天欲晓，忽二鼠腾掷相逐，满室如飚轮旋转，弹丸迸跃，瓶彝罍洗，击触皆翻，砰铿碎裂之声，使人心骇。久之，一鼠踊起数尺，复堕于地，再踊再仆，乃僵。视之七窍皆血流，莫知其故。急呼其家僮收验器物，见柈[1]中所晾媚药数十丸，啮残过半。乃悟鼠误吞此药，狂淫无度，牝不胜嬲而窜避，牡无所发泄，蕴热内燔以毙也。友人出视，且骇且笑，既而悚然曰："乃至是哉，吾知惧矣！"尽覆所蓄药于水。夫燥烈之药，加以锻炼，其力既猛，其毒亦深。吾见败事者多矣，盖退之硫黄，贤者不免。庆子此友，殆数不应尽，故鉴于鼠而忽悟欤！

【注释】

①柈（pán）：盘子。

有善讼者，一日为人书讼牒，将罗织多人。端绪缴绕[1]，猝不得分明，欲静坐搆思。乃戒毋通客，并妻亦避居别室。妻先与邻子目成，家无隙所，窥伺岁馀，无由一近也，至是乃得间焉。后每搆思，妻辄嘈杂以乱之，必叱其避出，袭为例。邻子乘间而来，亦袭为例，终其身不败。殁后岁馀，妻以私孕为怨家所讦。官鞫外遇之由，乃具吐实。官拊几喟然曰："此生刀笔巧矣，乌知造物更巧乎！"

【注释】

①缴绕：纠缠不清。

必不能断之狱，不必在情理外也；愈在情理中，乃愈不能明。门人吴生冠贤，为安定令时，余自西域从军还，宿其署中。闻有幼女幼男皆十六七岁，并呼冤于舆前。幼男曰："此我童养之妇。父母亡，欲弃我别嫁。"幼女曰："我故其胞妹。父母亡，欲占我为妻。"问其姓，犹能记。问其乡里，则父母皆流丐，朝朝转徙，已不记为何处人也。问同丐者，则曰："是到此甫数日，即父母并亡，未知其始末。但闻其以兄妹称。然小家童养媳，与夫亦例称兄妹，无以别也。"有老吏请曰："是事如捉影捕

必不能断之狱，不必在情理外也；愈在情理中，乃愈不能明。

风，杳无实证，又不可以刑求，断合断离，皆难保不误。然断离而误，不过误破婚姻，其失小；断合而误，则误乱人伦，其失大矣。盍断离乎！”推研再四，无可处分，竟从老吏之言。

因忆姚安公官刑部时，织造海保方籍没，官以三步军守其宅。宅凡数百间，夜深风雪，三人坚扃外户，同就暖于邃密寝室中，篝灯共饮。沉醉以后，偶剔灯灭，三人暗中相触击，因而互殴。殴至半夜，各困踣卧。至曙，则一人死焉。其二人一曰戴符，一曰七十五，伤亦深重，幸不死耳。鞫讯时，并云共殴致死，论抵无怨。至是夜昏黑之中，觉有扭者即相扭，觉有殴者即还殴，不知谁扭我谁殴我，亦不知我所扭为谁所殴为谁；其伤之重轻，与某伤为某殴，非惟二人不能知，即起死者问之，亦断不能知也。既一命不必二抵，任官随意指一人，无不可者。如必研讯为某人，即三木严求[①]，亦不过妄供耳。竟无如之何，相持月馀，会戴符病死，借以结案。姚安公尝曰：“此事坐罪起衅者，亦可以成狱。然核其情词，起衅者实不知谁。锻炼而求，更不如随意指也。迄今反复追思，究不得一推鞫法。刑官岂易为哉？”

【注释】

①三木严求：指严刑逼供，屈打成招。三木，指加在颈、手、足三处的刑具。

五军塞王生言：有田父夜守枣林，见林外似有人影。疑为盗，密伺之。俄一人自东来，问：“汝立此有何事？”其人曰：“吾就木时，某在旁窃有幸词，衔之二十馀年矣。今渠亦被摄，吾在此待其缧绁[①]过也。”怨毒之于人甚矣哉！

【注释】

①缧绁：被捆绑着。

甲与乙有隙，甲妇弗知也。甲死，妇议嫁，乙厚币娶焉。三朝后，共往谒兄嫂，归而迂道至甲墓，对诸耕者馌者拍妇肩呼曰：“某甲，识汝妇否耶？”妇恚，欲触树。众方牵挽，忽旋飚[①]飒然，尘沙眯目，则夫妇已并似失魂矣。扶回后，倏迷倏醒，竟终身不瘥。外祖家老仆张才，其至戚也，亲目睹之。夫以直报怨，圣人弗禁，然已甚则圣人所不为。《素问》曰：“亢则害。”《家语》曰：“满则覆。”乙亢极满极矣，其及也固宜。

【注释】

①飚：同“飙”，暴风。

康熙十四年[①]，西洋贡狮，馆阁前辈多有赋咏。相传不久即逸去，其行如风，巳刻绝锁，午刻即出嘉峪关。此齐东语[②]也。圣祖南巡，由卫河回銮，尚以船载此狮，先外祖母曹太夫人，曾于度帆楼窗罅窥之，其身如黄犬，尾如虎而稍长，面圆如人，不似他兽之狭削。系船头将军柱上，缚一豕饲之。豕在岸犹号叫，近船即噤不出声，及置狮前，狮俯首一嗅，已怖而死。临解缆时，忽一震吼声，如无数铜钲[③]陡然合击。外祖家厩马十馀，隔垣闻之，皆战栗伏枥下；船去移时，尚不敢动。信其为百兽王矣。狮初至，时吏部侍郎阿公礼稗，画为当代顾、陆，曾橐笔[④]对写一图，笔意精妙。旧藏博晰斋前辈家，阿公手赠其祖者也。后售于余，尝乞一赏鉴家题签。阿公原未署名，以元代曾有献狮事，遂题曰“元人狮子真形图”。晰斋曰：“少宰丹青，原不在元人下。此赏鉴未为谬也。”

【注释】

①康熙十四年：即1675年。 ②齐东语：即齐东野语，比喻荒唐而没有根据的话。③铜钲（zhēng）：一种打击乐器。 ④橐（tuó）笔：此处指文士的笔墨耕耘。

任子田言：其乡有人夜行，月下见墓道松柏间，有两人并坐。一男子年约十六七，韶秀可爱；一妇人白发垂项，佝偻携杖，似七八十以上人。倚肩笑语，意若甚相悦。窃讶何物淫妪，乃与少年儿狎昵。行稍近，冉冉而灭。次日，询是谁家冢，始知某早年夭折，其妇孀守五十馀年，殁而合窆[①]于是也。《诗》曰：“榖[②]则异室，死则同穴。”情之至也。《礼》曰：“殷人之祔也离之，周人之祔也合之。善夫！”圣人通幽明之礼，故能以人情知鬼神之情也。不近人情，又乌知《礼》意哉！

【注释】

①窆（biǎn）：古代用来牵引棺椁下墓穴的石头，这里指墓穴。 ②榖（gǔ）：活着。

甲乙有夙怨，乙日夜谋倾甲。甲知之，乃阴使其党某以他途入乙家，凡为乙谋，皆算无遗策；凡乙有所为，皆以甲财密助其费，费省而功倍。越一两岁，大见信，素所倚任者皆退听。乃乘间说乙曰：“甲昔阴调我妇，讳弗敢言，然衔之实次骨。以力弗敌，弗敢婴。闻君亦有仇于甲，故效犬马于门下。所以尽心于君者，固以报知遇，亦为是谋也。今有隙可抵，盍[①]图之。”乙大喜过望，出多金使谋甲。某乃以乙金为甲行赂，无所不曲到。阱既成，伪造甲恶迹乃证佐姓名以报乙，使具牒。比庭鞫，则事皆子虚乌有，证佐亦莫不倒戈，遂一败涂地，坐诬论戍。愤恚甚，以昵某久，平生阴事皆在其手，不敢再举，竟气结死。死时誓诉于地下，然越数十年卒无报。论者谓难端发自乙，甲势不两立，乃铤而走险，不过自救之兵，其罪不在甲。某本为甲反间，各忠其所事，于乙不为负心，亦不能甚加以罪。故鬼神弗理也。此事在康熙末年。《越绝书》载子贡谓越王曰："夫有谋人之心，而使人知之者，危也。"岂不信哉！

【注释】

①盍：何不。

献县捕役樊长，与其侣捕一剧盗。盗跳免，絷其妇于官店，（捕役拷盗之所，谓之官店，实是私居也。）其侣拥之调谑，妇畏箠楚，噤不敢动，惟俯首饮泣。已缓结矣，长突见之，怒曰："谁无妇女？谁能保妇女不遭患难落人手？汝敢如是，吾此刻即鸣官。"其侣慑而止。时雍正四年七月十七日戌刻也。长女嫁为农家妇，是夜为盗所劫，已褫衣反缚，垂欲受污，亦为一盗呵而止。实在子刻，中间仅仅隔一亥刻耳。次日，长闻报，仰面视天，舌挢[①]不能下也。

【注释】

①挢（jiǎo）：翘起。

尝与杜少司寇凝台同宿南石槽[①]，闻两家轿夫相语曰："昨日怪事：我表兄朱某在海淀为人守墓，因入城未返，其妻独宿。闻园中树下有斗声，破窗纸窃窥，见二人攘臂奋击，一老翁举杖隔之，不能止。俄相搏仆地，并现形为狐，跳踉摆拨，触老翁亦仆。老翁蹶起，一手按一狐呼曰：'逆子不孝！朱五嫂可助我！'朱伏不敢出，老翁顿足曰：'当诉诸土神。'恨恨而散。次夜，闻满园锒铛声，似有所搜捕。觉几上瓦瓶似微动，怪而视之，瓶中小语曰：'乞勿言，当报恩。'朱怒曰：'父母恩且不肯报，何有于我！'举瓶掷门外碑趺上，砉然而碎，即闻嗷嗷有声，意其就执矣。"一轿夫曰："斗触父母倒是何大事，乃至为土神捕捉？殊可怖也。"凝台顾余笑曰："非轿夫不能作此言。"

【注释】

①南石槽：村名，在今北京顺义西北，康熙年间曾在该村西南建行宫。

卷十一　槐西杂志一

余再掌乌台[①]，每有法司会谳事，故寓直西苑之日多。借得袁氏婿数楹，榜曰“槐西老屋”。公馀退食，辄憩息其间。距城数十里，自僚属白事外，宾客殊稀。昼长多暇，晏坐而已。旧有《滦阳消夏录》《如是我闻》二书，为书肆所刊刻。缘是友朋聚集，多以异闻相告。因置一册于是地，遇轮直则忆而杂书之，非轮直之日则已。其不能尽忆则亦已。岁月骎寻[②]，不觉又得四卷，孙树馨录为一帙，题曰《槐西杂志》，其体例则犹之前二书耳。自今以往，或竟懒而辍笔欤，则以为《挥麈》之三录可也；或老不能闲，又有所缀欤，则以为《夷坚》之丙志亦可也。壬子[③]六月，观弈道人识。

【注释】

①乌台：御史台，古代的中央监察机构。 ②骎（qīn）寻：逐渐消逝。骎，马快跑的样子。 ③壬子：乾隆五十七年，即1792年。

族叔行止言：有农家妇，与小姑并端丽。月夜纳凉，共睡檐下。突见赤发青面鬼，自牛栏后出，旋舞跳掷，若将搏噬。时男子皆外出守场圃，姑嫂悸不敢语。鬼一一攫搦强污之，方跃上短墙，忽嗷然失声，倒投于地。见其久不动，乃敢呼人。邻里趋视，则墙内一鬼，乃里中恶少某，已昏仆不知人事；墙外一鬼屹然立，则社公祠中土偶也。父老谓社公有灵，议至晓报赛[①]。一少年哑然曰：“某甲恒五鼓出担粪，吾戏抱神祠鬼卒置路侧，便骇走，以博一笑；不虞遇此伪鬼，误为真鬼惊踣也。社公何灵哉！”中一老叟曰：“某甲日日担粪，尔何他日不戏之而此日戏之也？戏之术亦多矣，尔何忽抱此土偶也？土偶何地不可置，尔何独置此家墙外也？此其间神实凭之，尔自不知耳。”乃共醵金[②]以祀。其恶少为父母舁去，困卧数日，竟不复苏。

【注释】

①报赛：举行谢神祭祀。 ②醵（jù）金：集资。

陈太常枫崖言：一童子年十四五，每睡辄作呻吟声，疑其病也。问之，云无有。既而时作呓语，呼之不醒。其语颇了了[①]，谛听皆媟狎之词，其呻吟亦受淫声也。然问之终不言。知为魅，牒于社公。夜梦社公[②]曰：“魅诚有之，非吾力所能制也。”乃牒于城隍。越一宿，城隍祠中泥塑控马卒无故首自陨，始悟社公所谓力不能制也。然一驺耳，未必城隍之所爱；即城隍之所爱，神正直而聪明，亦必不以所爱之故，曲法庇一驺。牒一陈而伏冥诛，城隍之心事昭然矣。彼社公者乃揣摩顾畏，隐忍而不敢言，其视城隍何如也！城隍之视此社公，又何如也！

【注释】

①了了：清晰，了然。②社公：土地神。

从孙树森言：晋人有以赀产托其弟而行商于外者。客中纳妇，生一子。越十馀年，妇病卒，乃携子归。弟恐其索还赀产也，诬其子抱养异姓，不得承父业。纠纷不决，竟鸣于官。官故愦愦，不牒其商所问其赝，而依古法滴血试。幸血相合，乃笞逐其弟。弟殊不信滴血事，自有一子，刺血验之，果不合。遂执以上诉，谓县令所断不足据。乡人恶其贪媢[1]无人理，佥[2]曰："其妇夙与某私昵，子非其子，血宜不合。"众口分明，具有征验，卒证实奸状。拘妇所欢鞫之，亦俯首引伏。弟愧不自容，竟出妇逐子，窜身逃去，赀产反尽归其兄。闻者快之。

按，陈业滴血，见《汝南先贤传》，则自汉已有此说。然余闻诸老吏曰："骨肉滴血必相合，论其常也。或冬月以器置冰雪上，冻使极冷；或夏月以盐醋拭器，使有酸咸之味，则所滴之血，入器即凝，虽至亲亦不合。故滴血不足成信谳。"然此令不刺血，则商之弟不上诉，商之弟不上诉，则其妇之野合生子亦无从而败。此殆若或使之，未可全咎此令之泥古矣。

【注释】

①贪媢（mào）：贪利，嫉妒。②佥：全，都。

先兄晴湖言：有王震升者，暮年丧爱子，痛不欲生。一夜偶过其墓，徘徊凄恋，不能去。忽见其子独坐陇头，急趋就之。鬼亦不避。然欲握其手，辄引退。与之语，神意索漠，似不欲闻。怪问其故，鬼哂曰："父子宿缘也，缘尽，则尔为尔我为我矣，何必更相问讯哉！"掉头竟去。震升自此痛念顿消。客或曰："使西河[1]能知此义，当不丧明。"先兄曰："此孝子至情，作此变幻，以绝其父之悲思，如郗超密札之意耳，非正理也。使人存此见，父子兄弟夫妇，均视如萍水之相逢，不日趋于薄哉！"

【注释】

①西河：孔子弟子子夏在西河因丧子而哭瞎眼睛，此代指子夏。

某公纳一姬，姿采秀艳，言笑亦婉媚，善得人意。然独坐则凝然若有思。习见亦不讶也。一日，称有疾，键户昼卧。某公穴窗纸窥之，则涂脂傅粉，钗钏衫裙，一一整饬，然后陈设酒果，若有所祀者。排闼[1]入问，姬蹙然[②]敛衽跪曰：“妾故某翰林之宠婢也。翰林将殁，度夫人必不相容，虑或鬻入青楼，乃先遣出。临别，切切私嘱曰：‘汝嫁我不恨，嫁而得所我更慰。惟逢我忌日，汝必于密室靓妆私祭我。我魂若来，以香烟绕汝为验也。’”某公曰：“徐铉不负李后主，宋主弗罪也。吾何妨听汝。”姬再拜炷香，泪落入俎。烟果袅袅然三绕其颊，渐蜿蜒绕至足。温庭筠《达摩支曲》曰：“捣麝成尘香不灭，拗莲作寸丝难绝。”此之谓欤！虽琵琶别抱，已负旧恩，然身去而心留，不犹愈于同床各梦哉。

【注释】

①排闼：撞开门。②蹙然：局促不安的样子。

先曾祖润生公，尝于襄阳见一僧，本惠登相[①]之幕客也。述流寇事颇悉，相与叹劫数难移。僧曰：“以我言之，劫数人所为，非天所为也。明之末年，杀戮淫掠之惨，黄巢流血三千里，不足道矣。由其中叶以后，官吏率贪虐，绅士率暴横，民俗亦率奸盗诈伪，无所不至。是以下伏怨毒，上干神怒，积百年冤愤之气，而发之一朝。以我所见闻，其受祸最酷者，皆其稔恶最甚者也。是可曰天数耶？昔在贼中，见其缚一世家子，跪于帐前，而拥其妻妾饮酒，问：‘敢怒乎？’曰：‘不敢。’问：‘愿受役乎？’曰：‘愿。’则释缚使行酒于侧。观者或太息不忍。一老翁陷贼者曰：‘吾今乃始知因果。’是其祖尝调仆妇，仆有违言，箠而缚之槐，使旁观与妇卧也。即是一端，可类推矣。”座有豪者曰：“巨鱼吞细鱼，鸷鸟搏群鸟，神弗怒也，何独于人而怒之？”僧掉头曰：“彼鱼鸟耳，人鱼鸟也耶？”豪者拂衣起。明日，邀客游所寓寺，欲挫辱之。已打包去，壁上大书二十字曰：“尔亦不必言，我亦不必说，楼下寂无人，楼上有明月。”疑刺豪者之阴事也。后豪者卒覆其宗。

【注释】

①惠登相：明末农民起义军首领，号过天星，清涧人。

程念伦，名思孝，乾隆癸酉、甲戌[①]间，来游京师，弈称国手。如皋冒祥珠曰：“是与我皆第二手，时无第一手，遽自雄耳。”一日，门人吴惠叔等扶乩，问：“仙善弈否？”判曰：“能。”问：“肯与凡人对局否？”判曰：“可。”时念伦寓余家，因使共弈。（凡弈谱，以子记数。象戏谱，以路记数。与乩仙弈，则以象戏法行之。如纵第九路横第三路下子，则判曰：“九三。”馀皆仿此。）初下数子，念伦茫然不解，以为仙机莫测也，深恐败名，凝思冥索，至背汗手颤，始敢应一

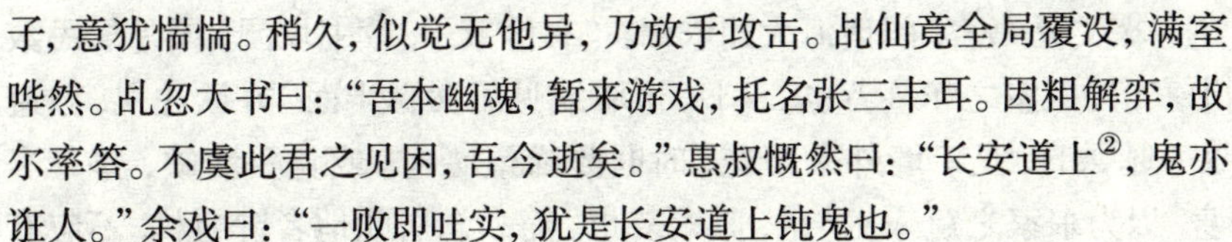

子，意犹惴惴。稍久，似觉无他异，乃放手攻击。乩仙竟全局覆没，满室哗然。乩忽大书曰：“吾本幽魂，暂来游戏，托名张三丰耳。因粗解弈，故尔率答。不虞此君之见困，吾今逝矣。”惠叔慨然曰：“长安道上②，鬼亦诳人。”余戏曰：“一败即吐实，犹是长安道上钝鬼也。”

【注释】

①乾隆癸酉、甲戌：乾隆十八、十九年，即1753、1754年。 ②长安道上：比喻名利场所。

景州申谦居先生，讳诩，姚安公癸巳①同年也。天性和易，平生未尝有忤色，而孤高特立，一介不取，有古狷者风。衣必缊袍②，食必粗粝。偶门人馈祭肉，持至市中易豆腐，曰：“非好苟异，实食之不惯也。”尝从河间岁试归，使童子控一驴。童子行倦，则使骑而自控之。薄暮遇雨，投宿破神祠中。祠止一楹，中无一物，而地下芜秽不可坐。乃摘板扉一扇，横卧户前。夜半睡醒，闻祠中小声曰：“欲出避公，公当户不得出。”先生曰：“尔自在户内，我自在户外，两不相害，何必避？”久之，又小声曰：“男女有别，公宜放我出。”先生曰：“户内户外即是别，出反无别。”转身酣睡。至晓，有村民见之，骇曰：“此中有狐，尝出媚少年人，入祠辄被瓦砾击。公何晏然也？”后偶与姚安公语及，掀髯笑曰：“乃有狐欲媚申谦居，亦大异事。”姚安公戏曰：“狐虽媚尽天下人，亦断不到君。当是诡状奇形，狐所未睹，不知是何怪物，故惊怖欲逃耳。”可想见先生之为人矣。

【注释】

①癸巳：康熙五十二年，即1713年。 ②缊（yùn）袍：乱麻做的袍子。

道家言祈禳，佛家言忏悔，儒家则言修德以胜妖。二氏治其末，儒者治其本也。族祖雷阳公畜数羊，一羊忽人立而舞。众以为不祥，将杀羊。雷阳公曰：“羊何能舞，有凭之者也。石言于晋，《左传》之义明矣。祸已成欤，杀羊何益？祸未成而鬼神以是警余也，修德而已。岂在杀羊？”自是一言一动，如对圣贤。后以顺治乙酉①拔贡，戊子②中副榜，终于通判，讫无纤芥③之祸。

【注释】

①顺治乙酉：顺治二年，即1645年。 ②戊子：顺治五年，即1648年。 ③纤芥：细小。

霍丈易书言：闻诸海大司农曰："有世家子，读书坟园。园外居民数十家，皆巨室之守墓者也。一日，于墙缺见丽女露半面。方欲注视，已避去。越数日，见于墙外采野花，时时凝睇望墙内。或竟登墙缺，露其半身，以为东家之窥宋玉[1]也，颇萦梦想。而私念居此地者皆粗材，不应有此艳质；又所见皆荆布，不应此女独靓妆，心疑为狐鬼。故虽流目送盼，而未通一词。一夕，独立树下，闻墙外二女私语。一女曰：'汝意中人方步月，何不就之？'一女曰：'彼方疑我为狐鬼，何必徒使惊怖！'一女又曰：'青天白日，安有狐鬼？痴儿不解事至此。'世家子闻之窃喜，褰衣欲出，忽猛省曰：'自称非狐鬼，其为狐鬼也确矣。天下小人未有自称小人者，岂惟不自称，且无不痛诋小人以自明非小人者。此魅用此术也。'掉臂竟返。次日密访之，果无此二女。此二女亦不再来。"

【注释】

①东家之窥宋玉：东家的美人登墙窥视宋玉三年，宋玉不为所动。

吴林塘言：曩游秦陇，闻有猎者在少华山麓，见二人儽然[1]卧树下。呼之犹能强起，问："何困踬于此？"其一曰："吾等皆为狐魅者也。初，我夜行失道，投宿一山家。有少女绝妍丽，伺隙调我。我意不自持，即相媟狎。为其父母所窥，甚见詈辱。我拜跪，始免箠挞。既而闻其父母絮絮语，若有所议者。次日，竟纳我为婿，惟约山上有主人，女须更番执役，五日一上直，五日乃返。我亦安之。半载后，病瘵，夜嗽不能寝，散步林下。闻有笑语声，偶往寻视。见屋数楹，有人拥我妇坐石看月。不胜恚忿，力疾欲与角。其人亦怒曰：'鼠辈乃敢瞰我妇！'亦奋起相搏。幸其亦病惫，相牵并仆。妇安坐石上，嬉笑曰：'尔辈勿斗，吾明告尔，吾实往来于两家，皆托云上直，使尔辈休息五日，蓄精以供采补耳。今吾事已露，尔辈精亦竭，无所用尔辈。吾去矣。'奄忽不见。两人迷不能出，故饿踣[2]于此，幸遇君等得拯也。"其一人语亦同。

猎者食以干糒[3]，稍能举步，使引视其处。二人共诧曰："向者墙垣故土，梁柱故木，门故可开合，窗故可启闭，皆确有形质，非幻影也，今何皆土窟耶？院中地平如砥，净如拭，今何土窟以外，崎岖不容足耶？窟广不数尺，狐自容可矣，何以容我二人？岂我二人之形亦为所幻化耶？"一人见对面崖上有破磁，曰："此我持以登楼失手所碎，今峭壁无路，当时何以上下耶？"四顾徘徊，皆惘惘如梦。二人恨狐女甚，请猎者入山捕之。猎者曰："邂逅相遇，便成佳偶，世无此便宜事。事太便宜，必有不便宜者存。鱼吞钩，贪饵故也；猩猩刺血，嗜酒故也。尔二人宜自恨，亦何恨于狐？"二人乃悯默而止。

【注释】

①儽（léi）然：疲惫的样子。②踣（bó）：跌倒。③干糒（bèi）：干粮。

林塘又言：有少年为狐所媚，日渐羸困[①]，狐犹时时来。后复共寝，已疲顿不能御女。狐乃披衣欲辞去，少年泣涕挽留，狐殊不顾。怒责其寡情，狐亦怒曰："与君本无夫妻义，特为采补来耳。君膏髓已竭，吾何所取而不去！此如以势交者，势败则离；以财交者，财尽则散。当其委曲相媚，本为势与财，非有情于其人也。君于某家某家，皆向日附门墙，今何久绝音问耶？乃独责我？"其音甚厉，侍疾者闻之皆太息。少年乃反面向内，寂无一言。

【注释】

①羸困：虚弱。

从叔梅庵公曰："淮镇人家有空屋五间，别为院落，用以贮杂物，儿童多往嬉游，跳掷践踏，颇为喧扰。键户[①]禁之，则窃逾短墙入。乃大书一贴粘户上，曰：'此房狐仙所住，毋得秽污！'姑以怖儿童云尔。数日后，夜闻窗外语：'感君见招，今已移入，当为君坚守此院也。'自后人有入者，辄为砖瓦所击，并僮奴运杂物者亦不敢往，久而不治，竟全就圮颓，狐仙乃去。此之谓'妖由人兴'。"

【注释】

①键户：锁门。

余有庄在沧州南，曰上河涯，今鬻之矣。旧有水明楼五楹，下瞰卫河，帆樯来往栏楯[①]下。与外祖雪峰张公家度帆楼，皆游眺佳处。先祖母太夫人夏月每居是纳凉，诸孙更番随侍焉。

一日，余推窗南望，见男妇数十人，登一渡船，缆已解。一人忽奋拳击一叟落近岸浅水中，衣履皆濡。方坐起愤詈，船已鼓棹去。时卫河暴涨，洪波直泻，汹涌有声。一粮艘张双帆顺流来，急如激箭，触渡船，碎如柿[②]。数十人并没，惟此叟存，乃转怒为喜，合掌诵佛号。问其何适。曰："昨闻有族弟得二十金，鬻童养媳为人妾，以今日成券，急质田得金如其数，赍之往赎耳。"众同声曰："此一击神所使也。"促换渡船送之过。时余方十岁，但闻为赵家庄人，惜未问其名姓。此雍正癸丑[3]事。

又，先太夫人言：沧州人有逼嫁其弟妇而鬻两侄女于青楼者，里人皆不平。一日，腰金贩绿豆泛巨舟诣天津，晚泊河干，坐船舷濯足。忽西岸一盐舟纤索中断，横扫而过，两舷相切，自膝以下，筋骨糜碎如割截，号呼数日乃死。先外祖一仆闻之，急奔告曰："某甲得如是惨祸，真大怪事！"先外祖徐曰："此事不怪。若竟不如此，反是怪事。"此雍正甲辰、乙巳[4]间事。

【注释】

①栏楯（shǔn）：栏杆。②柹（fèi）：被削下来的木片。③雍正癸丑：雍正十一年，即1733年。④雍正甲辰、乙巳：雍正二年、三年，即1724、1725年。

交河王洪绪言：高川刘某，住屋七楹[1]，自居中三楹；东厢二楹，以妻殁无葬地，停柩其中；西厢二楹，幼子与其妹居之。一夕，闻儿啼甚急，而不闻妹语。疑其在灶室未归，从窗罅视已熄灯否。月明之下，见黑烟一道，蜿蜒从东厢户下出，萦绕西厢窗下，久之不去。迨妹醒拊儿，黑烟乃冉冉敛入东厢去。心知妻之魂也。自后每月夜闻儿啼，潜起窥视，所见皆然。以语其妹，妹为之感泣。悲哉，父母之心，死尚不忘其子乎！人子追念其父母，能如是否乎？

【注释】

①楹（yíng）：量词，古代计算房屋的单位，一间为一楹。

交河及方言曰："说鬼者多诞，然亦有理似可信者。雍正乙卯[1]七月，泊舟静海之南。微月朦胧，散步岸上，见二人坐柳下对谈。试往就之，亦欣然延坐。谛听所说，乃皆幽冥事。疑其为鬼，瑟缩欲遁。二人止之曰：'君勿讶，我等非鬼，一走无常，一视鬼者也。'问：'何以能视鬼？'曰：'生而如是，莫知所以然。'又问：'何以走无常？'曰：'梦寝中忽被拘役，亦莫知所以然也。'共话至二鼓，大抵缕陈报应。因问：'冥司以儒理断狱耶？以佛理断狱耶？'视鬼者曰：'吾能见鬼，而不能与鬼语，不知此事。'走无常曰：'君无须问此，只问己心。问心无愧，即阴律所谓善；问心有愧，即阴律所谓恶。公是公非，幽明一理，何分儒与佛乎？'其说平易，竟不类巫觋[2]语也。"

【注释】

①雍正乙卯：雍正十三年，即1735年。②巫觋（xí）：古代称女巫为"巫"，男巫为

父母之心，死尚不忘其子乎！

"觋",合称"巫觋"。

先师汪文端公言:有欲谋害异党者,苦无善计。有黠者密侦知之,阴裹药以献,曰:"此药入腹即死,然死时情状,与病卒无异;虽蒸骨[①]验之,亦与病卒无异也。"其人大喜,留之饮。归则以是夕卒矣。盖先以其药饵之,为灭口计矣。公因太息曰:"献药者杀人以媚人,而先自杀也;用其药者,先杀人以灭口,而口终不可灭也。纷纷机械何为乎?"张樊川前辈时在座,因言有好娈童者,悦一宦家子。度无可得理,阴属所爱姬托媒妪招之,约会于别墅,将执而胁污焉。届期,闻已至,疾往掩捕。突失足堕荷塘板桥下,几于灭顶。喧呼掖出,则宦家子已遁,姬已鬓乱钗横矣。盖是子美秀甚,姬亦悦之故也。后无故开阁[②]放此姬,婢妪乃稍泄其事。阴谋者鬼神所忌,殆不虚矣。

【注释】

①蒸骨:用酒醋蒸熏骨骼以确定死因的验尸方法。 ②阁(gé):同"阁"。

卷十二 槐西杂志二

景州宁逊公,能以琉璃舂碎调漆,堆为擘窠[①]书。凹凸皴皱,俨若石纹。恒挟技游富贵家,喜索人酒食。或闻燕集,必往搀末席。一日,值吴桥社会,以所作对联匾额往售。至晚,得数金。忽遇十数人邀之,曰:"我辈欲君殚一月工,堆字若干,分赠亲友,冀得小津润。今先屈先生一餐,明日奉迎至某所。"宁大喜,随入酒肆,共恣饮啖,至漏下初鼓,主人促闭户。十数人一时不见,座上惟宁一人。无可置辩,乃倾囊偿值,懊恼而归。不知为幻术为狐魅也。李露园曰:"此君自宜食此报。"

【注释】

①擘窠(bò kē):指大字。

某公眷一娈童,性柔婉,无市井态,亦无恃宠骄纵意。忽泣涕数日,目尽肿。怪诘其故。慨然曰:"吾日日荐枕席,殊不自觉。昨寓中某与某童狎,吾穴隙窃窥,丑难言状,与横陈之女迥殊。因自思吾一男子而受污如是,悔不可追,故愧愤欲死耳。"某公譬解百方,终怏怏不释。后竟逃去,或曰:"已改易姓名,读书游泮矣。"梅禹金[①]有《青泥莲花记》,若此童者,亦近于青泥莲花欤!

又，奴子张凯，初为沧州隶，后夜闻罪人暗泣声，心动辞去，鬻身于先姚安公。年四十馀，无子。一日，其妇临蓐，凯愀然曰："其女乎！"已而果然。问："何以知之？"曰："我为隶时，有某控其嫂与邻人张九私。众知其枉，而事涉暧昧，无以代白也。会官遣我拘张九。我禀曰：'张九初五日以逋赋拘，初八日笞十五去矣。今不知所往，乞宽其限。'官检征比册，良是，怒某曰：'初七日张九方押禁，何由至汝嫂室乎？'杖而遣之。其实别一张九，吾借以支吾得免也。去岁，闻此妇死。昨夜梦其向我拜，知其转生为我女也。"后此女嫁为贾人妇，凯夫妇老且病，竟赖其孝养以终。杨椒山[2]有《罗刹成佛记》，若此奴者，亦近于罗刹成佛欤？

【注释】

①梅禹金：梅鼎祚，字禹金，明代戏曲、小说家，《青泥莲花记》是其一部专为妓女立传的著作。 ②杨椒山：杨继盛，号椒山，明代著名谏臣，为严嵩所杀。

冯平宇言：有张四喜者，家贫佣作。流转至万全山中，遇翁妪留治圃。爱其勤苦，以女赘之。越数岁，翁妪言往塞外省长女，四喜亦挈妇他适。久而渐觉其为狐，耻与异类偶，伺其独立，潜弯弧射之，中左股。狐女以手拔矢，一跃直至四喜前，持矢数之曰："君太负心，殊使人恨！虽然，他狐媚人，苟且野合耳。我则父母所命，以礼结婚，有夫妇之义焉。三纲所系，不敢仇君；君既见弃，亦不敢强住聒君。"握四喜之手痛哭，逾数刻，乃蹶然逝。四喜归，越数载，病死，无棺以敛。狐女忽自外哭入，拜谒姑舅，具述始末。且曰："儿未嫁，故敢来也。"其母感之，詈四喜无良。狐女俯不语。邻妇不平，亦助之詈。狐女瞋视曰："父母詈儿，无不可者。汝奈何对人之妇，詈人之夫！"振衣竟出，莫知所往。去后，于四喜尸旁得白金五两，因得成葬。后四喜父母贫困，往往于盎[1]中箧内无意得钱米，盖亦狐女所致也。皆谓此狐非惟形化人，心亦化人矣。或又谓狐虽知礼，不至此，殆平宇故撰此事，以愧人之不如者。姚安公曰："平宇虽村叟，而立心笃实，平生无一字虚妄。与之谈，讷讷不出口，非能造作语言者也。"

【注释】

①盎：古代的一种盆，腹大口小。

卢观察㧑吉言：茌[1]平有夫妇相继死，遗一子，甫周岁。兄嫂咸不顾恤，饿将死。忽一少妇排门入，抱儿于怀，詈其兄嫂曰："尔弟夫妇尸骨未寒，汝等何忍心至此，不如以儿付我，犹可觅一生活处也。”挈儿竟出，莫知所终。邻里咸目睹之，有知其事者曰：“其弟在日，常昵一狐女。意或不忘旧情，来视遗孤乎？”是亦张四喜妇之亚也。

【注释】

①茌：音chí。

乌鲁木齐多狭斜[①]，小楼深巷，方响时闻。自谯鼓初鸣，至寺钟欲动，灯火恒荧荧也。冶荡者惟所欲为，官弗禁，亦弗能禁。有宁夏布商何某，年少美风姿，赀累千金，亦不甚吝，而不喜为北里游。惟畜牝豕十馀，饲极肥，濯极洁，日闭门而沓淫之。豕亦相摩相倚，如昵其雄。仆隶恒窃窥之，何弗觉也。忽其友乘醉戏诘，乃愧而投井死。迪化厅同知木金泰曰：“非我亲鞫是狱，虽司马温公以告我，我弗信也。”余作是地杂诗，有曰：“石破天惊事有无，后来好色胜登徒。何郎甘为风情死，才信刘王爱媚猪。”即咏是事。人之性癖，有至于如此者！乃知以理断天下事，不尽其变；即以情断天下事，亦不尽其变也。

【注释】

①狭斜：亦作“狭邪”，指娼妓居住的小街曲巷。

张一科，忘其何地人。携妻就食塞外，佣于西商。西商昵其妻，挥金如土，不数载赀尽归一科，反寄食其家。妻厌薄之，诟谇使去。一科曰：“微是人无此日，负之不祥。”坚不可。妻一日持梃逐西商，一科怒詈。妻亦反詈曰：“彼非爱我，昵我色也。我亦非爱彼，利彼财也。以财博色，色已得矣，我原无所负于彼；以色博财，财不继矣，彼亦不能责于我。此而不遣，留之何为？”一科益愤，竟抽刃杀之。先以百金赠西商，而后自首就狱。又一人忘其姓名，亦携妻出塞。妻病卒，因不能归，且行乞。忽有西商招至肆，赠五十金。怪其太厚，固诘其由。西商密语曰：“我与尔妇最相昵，尔不知也。尔妇垂殁，私以尔托我。我不忍负于死者，故资尔归里。”此人怒掷于地，竟格斗至讼庭。二事相去不一月。

相国温公，时镇乌鲁木齐。一日，宴僚佐于秀野亭，座间论及。前竹山令陈题桥曰：“一不以贫富易交，一不以死生负约，是虽小人，皆古道可风也。”公颦蹙[①]曰：“古道诚然。然张一科曷可风耶？”后杀妻者拟抵，而谳语[②]甚轻；赠金者拟杖，而不云枷示。公沉思良久，慨然曰：“皆非法也。然人情之薄久矣，有司如是上，即如是可也。”

【注释】

①颦蹙：皱眉。②谳语：判决。

侍姬沈氏，余字之曰明玕。其祖长洲人，流寓河间，其父因家焉。生二女，姬其次也。神思朗彻，殊不类小家女。常私语其姊曰："我不能为田家妇，高门华族，又必不以我为妇。庶几其贵家媵乎？"其母微闻之，竟如其志。性慧黠，平生未尝忤一人。初归余时，拜见马夫人。马夫人曰："闻汝自愿为人媵，媵亦殊不易为。"敛衽对曰："惟不愿为媵，故媵难为耳。既愿为媵，则媵亦何难！"故马夫人始终爱之如娇女。尝语余曰："女子当以四十以前死，人犹悼惜。青裙白发，作孤雏腐鼠，吾不愿也。"亦竟如其志，以辛亥[①]四月二十五日卒，年仅三十。初仅识字，随余检点图籍，久遂粗知文义，亦能以浅语成诗。临终，以小照付其女，口诵一诗，请余书之，曰："三十年来梦一场，遗容手付女收藏。他时话我生平事，认取姑苏沈五娘。"泊然[②]而逝。方病剧时，余以侍值圆明园，宿海淀槐西老屋。一夕，恍惚两梦之，以为结念所致耳。既而知其是夕晕绝，移二时乃苏。语其母曰："适梦至海淀寓所，有大声如雷霆，因而惊醒。"余忆是夕，果壁上挂瓶绳断堕地，始悟其生魂果至矣。故题其遗照有曰："几分相似几分非，可是香魂月下归？春梦无痕时一瞥，最关情处在依稀。"又曰："到死春蚕尚有丝，离魂倩女不须疑。一声惊破梨花梦，恰记铜瓶坠地时。"即记此事也。

【注释】

①辛亥：乾隆五十六年，即1791年。②泊然：安静的样子。

余督学闽中时，院吏言：雍正中，学使有一姬堕楼死，不闻有他故，以为偶失足也；久而有泄其事者，曰姬本山东人，年十四五，嫁一窭人[①]子。数月矣，夫妇甚相得，形影不离。会岁饥，不能自活，其姑卖诸贩鬻妇女者。与其夫相抱，泣彻夜，啮臂为志而别。夫念之不置，沿途乞食，兼程追及贩鬻者，潜随至京师。时于车中一觌面，幼年怯懦，惧遭诃詈，不敢近，相视挥涕而已。既入官媒家，时时候于门侧，偶得一睹，彼此约勿死，冀天上人间，终一相见也。后闻为学使所纳，因投身为其幕友仆，共至闽中。然内外隔绝，无由通问，其妇不知也。一日病死，妇闻婢媪道其姓名、籍贯、形状、年齿，始知之。时方坐笔捧楼上，凝立良久，忽对众备言始末，长号数声，奋身投下死。学使讳言之，故其事不传。然实无可讳也。

大抵女子殉夫，其故有二：一则搘柱[②]纲常，宁死不辱。此本乎礼教者也，一则忍耻偷生，苟延一息，冀乐昌破镜，再得重圆；至望绝势穷，然后一死以明志。此生于情感者也。此女不死于贩鬻之手，不死于媒氏之家，至玉玷花残，得故夫凶问而后死，诚为太晚。然其死志则久定矣，特私爱缠绵，不能自割。彼其意中，固不以当死不死为负夫之恩，直以可待不待为辜夫之望。哀其遇，悲其志，惜其用情之误，则可矣；必执《春秋》大义，责不读书之儿女，岂与人为善之道哉！

【注释】

①窭（jù）人：穷苦之人。 ②搘（zhī）柱：支撑。

壬申[①]七月，小集宋蒙泉家，偶谈狐事。聂松岩曰：贵族有一事，君知之乎？曩以乡试在济南，闻有纪生者，忘其为寿光为胶州也。尝暮遇女子独行，泥泞颠踬[②]，倩之扶掖。念此必狐女，姑试与昵，亦足以知妖魅之情状。因语之曰："我识尔，尔勿诳我，然得妇如尔亦自佳。人静后可诣书斋，勿在此相调，徒多迂折。"女子笑而去。夜半果至，狎媟者数夕，觉渐为所惑，因拒使勿来。狐女怨詈不肯去。生正色曰："勿如是也。男女之事，权在于男。男求女，女不愿，尚可以强暴得；女求男，男不愿，则心如寒铁，虽强暴亦无所用之。况尔为盗我精气来，非以情合，我不为负尔情。尔阅人多矣，难以节言，我亦不为隳尔节。始乱终弃，君子所恶，为人言之，不为尔曹言之也。尔何必恋恋于此，徒为无益？"狐女竟词穷而去。乃知一受蛊惑，缠绵至死，符箓不能驱遣者，终由情欲牵连，不能自割耳。使泊然不动，彼何所取而不去哉？

【注释】

①壬申：乾隆十七年，即1752年。 ②颠踬（zhì）：跌倒。

法南野又说一事曰：里有恶少数人，闻某氏荒冢有狐，能化形媚人。夜携罝罘[①]布穴口，果掩得二牝狐。防其变幻，急以锥刺其髀，贯之以索，操刃胁之曰："尔果能化形为人，为我辈行酒，则贷尔命，否则立磔[②]尔！"二狐嗥叫跳掷，如不解者。恶少怒，刺杀其一，其一乃人语曰："我无衣履，即化形为人，成何状耶？"又以刃拟颈，乃宛转成一好女子，裸无寸缕。众大喜，迭肆无礼，复拥使侑觞[③]，而始终掣索不释手。狐妮妮软语，祈求解索。甫一脱手，已瞥然逝。归未到门，遥见火光，则数家皆焦土，杀狐者一女焚焉。知狐之相报也。狐不扰人，人乃扰狐，多行不义，其及也宜哉。

【注释】

①罝罟（jū gǔ）：网。②磔（zhé）：分割尸体。③侑觞：劝人喝酒。

田白岩说一事曰：某继室少艾，为狐所媚，劾治无验。后有高行道士，檄神将缚至坛，责令供状。佥[1]闻狐语曰："我豫产也，偶挞妇，妇潜窜至此，与某昵。我衔之次骨，是以报。"某忆幼时果有此，然十馀年矣。道士曰："结恨既深，自宜即报，何迟迟至今？得无刺知此事，假借藉口耶？"曰："彼前妇贞女也，惧干天罚，不敢近，此妇轻佻，乃得诱狎。因果相偿，鬼神弗罪，师又何责焉？"道士沉思良久，曰："某昵尔妇几日？"曰："一年馀。""尔昵此妇几日？"曰："三年馀。"道士怒曰："报之过当，曲又在尔，不去，且檄尔付雷部！"狐乃服罪去。清远先生（蒙泉之父）曰："此可见邪正之念，妖魅皆得知。报施之理，鬼神弗能夺也。"

【注释】

①佥：众人，引申为在场之人。

清远先生亦说一事曰：朱某一婢，粗材也。稍长，渐慧黠，眉目亦渐秀媚，因纳为妾。颇有心计，摒挡[1]井井，米盐琐屑，家人纤毫不敢欺，欺则必败。又善居积，凡所贩鬻，来岁价必贵。朱以渐裕，宠之专房。一日，忽谓朱曰："君知我为谁？"朱笑曰："尔颠耶？"因戏举其小名曰："尔非某耶？"曰："非也，某逃去久矣，今为某地某人妇，生子已七八岁。我本狐女，君九世前为巨商，我为司会计。君遇我厚，而我干没君三千馀金。冥谪堕狐身，炼形数百年，幸得成道。然坐此负累，终不得升仙。故因此婢之逃，幻其貌以事君。计十馀年来，所入足以敌所逋。今尸解[2]去矣。我去之后，必现狐形。君可付某仆埋之，彼必裂尸而取革，君勿罪彼。彼四世前为饿殍时，我未成道，曾啖其尸。听彼碎磔我，庶冤可散也。"俄化狐仆地，有好女长数寸，出顶上，冉冉去；其貌则别一人矣。朱不忍而自埋之，卒为此仆窃发，剥卖其皮。朱知为夙业，浩叹而已。

【注释】

①摒（bìng）挡：整理。②尸解：得道后遗弃肉体仙去。

从孙树森[1]言：高川贺某，家贫甚。逼除夕，无以卒岁。诣亲串借贷无所得，仅沽酒款之。贺抑郁无聊，姑浇块垒，遂大醉而归。时已昏夜，遇老翁负一囊，蹩躠不进，约贺为肩至高川，酬以雇值。贺诺之。其囊甚重。贺私念方无度岁资，若攘夺而逸，龙钟疲叟，必不能追及。遂尽力疾趋，翁自后追呼，不应。狂奔七八里，甫得至家，掩门急入。呼灯视之，乃新斫杨木一段，重三十馀斤，方知为鬼所弄。殆其贪狡之性，久为鬼恶，故乘其窘而侮之。不然，则来往者多，何独戏贺？是时未见可欲，尚未生盗心，何已中途相待欤？

【注释】

①畚：音běn。

树畚又言：垛庄张子仪，性嗜饮，年五十馀，以寒疾卒。将敛矣，忽苏曰："我病愈矣。顷至冥司，见贮酒巨瓮三，皆题'张子仪封'字；其一已启封，尚存半瓮，是必皆我之食料，须饮尽方死耳。"既而果愈，复纵饮二十馀年。一日，谓所亲曰："我其将死乎！昨又梦至冥司，见三瓮酒俱尽矣。"越数日，果无疾而卒。然则《补录纪传》载李卫公食羊之说[①]，信有之乎！

【注释】

①李卫公食羊之说：有一名僧人曾预测李德裕一生当吃一万只羊。

某侍郎夫人卒，盖棺以后，方陈祭祀，忽一白鸽飞入帏，寻视无睹。俶扰[①]间，烟焰自棺中涌出，连甍[②]累栋，顷刻并焚。闻其生时，御下严：凡买女奴，成券入门后，必引使长跪，先告戒数百语，谓之教导；教导后，即褫衣反接，挞百鞭，谓之试刑。或转侧，或呼号，挞弥甚。挞至不言不动，格格然如击木石，始谓之知畏，然后驱使。安州陈宗伯夫人，先太夫人姨也，曾至其家。常曰其僮仆婢媪，行列进退，虽大将练兵，无如是之整齐也。又余常至一亲串家，丈人行也，入其内室，见门左右悬二鞭，穗皆有血迹，柄皆光泽可鉴。闻其每将就寝，诸婢一一缚于凳，然后覆之以衾，防其私遁或自戕也。后死时，两股疽溃露骨，一若杖痕。

【注释】

①俶（chù）扰：纷扰。 ②甍（méng）：屋脊。

虞惇有佃户孙某，善鸟铳，所击无不中。尝见一黄鹂，命取之。孙启曰："取生者耶？死者耶？"问："铁丸冲击，安能预决其生死？"曰："取死者直中之耳，取生者则惊使飞而击其翼。"命取生者。举手铳发，黄鹂果堕。视之，一翼折矣。其精巧如此。适一人能诵放生咒，与约曰："我诵咒三遍，尔百击不中也。”试之果然。后屡试之，无不验。然其词鄙俚[①]，殆可笑噱，不识何以能禁制。又凡所闻禁制诸咒，其鄙俚大抵皆似此，而实皆有验，均不测其所以然也。

【注释】

①鄙俚：粗俗不堪。

叶守甫，德州老医也。往来余家，余幼时犹及见之。忆其与先姚安公言；常从平原诣海丰，夜行失道，仆从皆迷。风雨将至，四无村墟，望有废寺，往投暂避。寺门虚掩，而门扉隐隐有白粉大书字。敲火视之，则“此寺多鬼，行人勿住”二语也。进退无路，乃推门再拜曰：“过客遇雨，求神庇荫；雨止即行，不敢久稽。”闻承尘板上语曰：“感君有礼。但今日大醉，不能见客，奈何？君可就东壁坐，西壁蝎窟，恐遭其螫；渴勿饮檐溜，恐有蛇涎；殿后酸梨已熟，可摘食也。”毛发植立[①]，噤不敢语。雨稍止，即惶遽拜谢出，如脱虎口焉。姚安公曰：“题门榜示，必伤人多矣。而君得无恙，且得其委曲告语。盖以礼自处，无不可以礼服者；以诚相感，无不可以诚动者。虽异类无间也。君非惟老于医，抑亦老于涉世矣。”

【注释】

①植立：同“直立”。

卷十三　槐西杂志三

奴子宋遇凡三娶：第一妻自合卺[①]即不同榻，后竟仳离。第二妻子必孪生，恶其提携之烦，乳哺之不足，乃求药使断产；误信一王媪言，舂砺石为末服之，石结聚肠胃死。后遇病革时，口喃喃如与人辩。稍苏，私语其第三妻曰：“吾出初妻时，吾父母已受人聘，约日迎娶。妻尚未知，吾先一夕引与狎。妻以为意转，欣然相就。五更尚拥被共眠，鼓吹已至，妻恨恨去。然媒氏早以未尝同寝告后夫，吾母兄亦皆云尔。及至彼，非完璧，大遭疑诟，竟郁郁卒。继妻本不肯服石，吾痛捶使咽尽。殁后惧为厉，又贿巫斩殃。今并恍惚见之，吾必不起矣。”已而果然。

又奴子王成，性乖僻。方与妻嬉笑，忽叱使伏受鞭；鞭已，仍与嬉笑。或方鞭时，忽引起与嬉笑；既而曰：“可补鞭矣。”仍叱使伏受鞭。大抵一日夜中，喜怒反覆者数次。妻畏之如虎，喜时不敢不强欢，怒时不敢不顺受也。一日，泣诉先太夫人。呼成问故。成跪启曰："奴不自知，亦不自由。但忽觉其可爱，忽觉其可憎耳。"先太夫人曰："此无人理，殆佛氏所谓夙冤耶！"虑其妻或轻生，并遣之去。后闻成病死，其妻竟着红衫。

夫夫为妻纲，天之经也。然尊究不及君，亲究不及父，故"妻"又训"齐"，有敌体[2]之义焉。则其相与，宜各得情理之平。宋遇第二妻，误杀也，罪止太悍。其第一妻，既已被出而受聘，则恩义已绝，不当更以夫妇论，直诱污他人未婚妻耳。因而致死，其取偿也宜矣。王成酷暴，然未致妇于死也，一日居其室，则一日为所天。殁不制服，反而从吉，其悖理乱常也。其受虐固无足悯焉。

【注释】

①合卺（jǐn）：新婚夫妇共饮合欢酒。 ②敌体：彼此地位相匹敌。

吴惠叔言：太湖有渔户嫁女者，舟至波心，风浪陡作，舵师失措，已攲仄[1]欲沉，众皆相抱哭。突新妇破帘出，一手把舵，一手牵篷索，折戗[2]飞行，直抵婿家，吉时犹未过也，洞庭人传以为奇。或有以越礼讥者，惠叔曰："此本渔户女，日日船头持篙橹，不能责以必为宋伯姬也。"

又闻吾郡有焦氏女，不记何县人，已受聘矣。有谋为媵者，中以蜚语，婿家欲离婚。父讼于官，而谋者陷阱已深，非惟证佐凿凿，且有自承为所欢者。女见事急，竟倩邻媪导至婿家，升堂拜姑曰："女非妇比，贞不贞有明证也。儿与其献丑于官媒，仍为所诬，不如献丑于母前。"遂阖户弛服，请姑验。讼立解。此较操舟之新妇更越礼矣，然危急存亡之时，有不得不如是者。讲学家动以一死责人，非通论也。

【注释】

①攲（qī）仄：同"攲侧"，歪斜。 ②折戗：在逆风中扬帆行驶。

杨雨亭言：劳山深处，有人兀坐木石间，身已与木石同色矣，然呼吸不绝，目炯炯尚能视。此婴儿炼成，而闭不能出者也。不死不生，亦何贵于修道，反不如鬼之逍遥矣。大抵仙有仙骨，质本清虚；仙有仙缘，诀逢指授。不得真传而妄意冲举[1]，因而致害者不一，此人亦其明鉴也。或曰："以刃破其顶，当兵解[2]去。"此亦臆度之词，谈何容易乎！

【注释】

①冲举：指飞升成仙。 ②兵解：用类似于自杀的方法脱胎换骨，解脱成仙。

崔崇屽[①]，汾阳人，以卖丝为业。往来于上谷、云中有年矣。一岁，折阅十馀金，其曹偶有怨言。崇屽恚愤，以刃自剖其腹，肠出数寸，气垂绝。主人及其未死，急呼里胥与其妻至，问："有冤耶？"曰："吾拙于贸易，致亏主人资。我实自愧，故不欲生，与人无预也。其速移我返，毋以命案为人累。"主人感之，赠数十金为棺敛费，奄奄待尽而已。有医缝其肠，纳之腹中，敷药结痂，竟以渐愈。惟遗矢从刃伤处出，谷道[②]闭矣。后贫甚，至鬻其妻。旧共卖丝者怜之，各赠以丝，俾捻线自给。渐以小康，复娶妻生子。至乾隆癸巳、甲午[③]间，年七十乃终。其乡人刘炳为作传。曹受之侍御录以示余，因撮记其大略。

夫贩鬻丧资，常事也。以十馀金而自戕，崇屽可谓轻生矣。然其本志，则以本无毫发私，而其迹有似于干没，心不能白，以死自明，其平生之自好可知也。濒死之顷，对众明告里胥，使官府无可疑；切嘱其妻，使眷属无可讼，用心不尤忠厚欤！当死不死，有天道焉。事似异而非异也。

【注释】

①屽：音hàn。②谷道：直肠到肛门的一段。③乾隆癸巳、甲午：乾隆三十八、三十九年，即1773、1774年。

选人某，在虎坊桥租一宅。或曰："中有狐，然不为患，入居者祭之则安。"某性啬不从，亦无他异。既而纳一妾，初至日，独坐房中，闻窗外帘隙有数十人悄语，品评其妍媸[①]。忸怩不敢举首。既而灭烛就寝，满室吃吃作笑声，（吃吃笑不止，出《飞燕外传》。或作"嗤嗤"，非也。又有作"咥咥"者，盖据毛亨《诗传》。然《毛传》"咥咥"乃笑貌，非笑声也。）凡一动作，辄高唱其所为。如是数夕不止，诉于正乙[②]真人。其法官汪某曰："凡魅害人，乃可劾治；若止嬉笑，于人无损。譬互相戏谑，未酿事端，即非王法之所禁。岂可以猥亵细事，渎及明神！"某不得已，设酒肴拜祝，是夕寂然。某喟然曰："今乃知应酬之礼不可废。"

【注释】

①妍媸（yán chī）：美丑。②正乙：道教的一个支派，起源于正一道。

济南朱青雷言：其乡民家一少年与邻女相悦，时相窥也。久而微露盗香迹，女父疑焉，夜伏墙上，左右顾视两家，阴伺其往来。乃见女室中有一少年，少年室中有一女，衣饰形貌皆无异。始知男女皆为狐媚也。此真黎邱[①]之技矣。青雷曰："以我所见，好事者当为媒合，亦一佳话。然闻

歲朝圖

夫贩鬻丧资，常事也。

两家父母皆恚甚，各延巫驱狐。时方束装北上，不知究竟如何也。”

【注释】

①黎邱：指黎丘丈人事，事见《吕氏春秋·慎行·疑似》。

刘友韩侍御言：向寓山东一友家，闻其邻女为狐媚。女父迹知其穴，百计捕得一小狐，与约曰：“能舍我女，则舍尔子。”狐诺之。舍其子而狐仍至。詈其负约。则谢曰：“人之相诳者多矣，而责我辈乎？”女父恨甚，使女阳劝之饮，而阴置砒[①]焉。狐中毒，变形踉跄去。越一夕，家中瓦砾交飞，窗扉震憾，群狐合噪来索命。女父厉声道始末，闻似一老狐语曰：“悲哉！彼徒见人皆相诳，从而效尤。不知天道好还，善诳者终遇诳也。主人词直，犯之不祥。汝曹随我归矣。”语讫寂然。此狐所见，过其子远矣。

【注释】

①砒：砒霜。

李玉典言：有旧家子，夜行深山中，迷不得路。望一岩洞，聊投憩息，则前辈某公在焉。惧不敢进，然某公招邀甚切。度无他害，姑前拜谒。寒温劳苦如平生，略问家事，共相悲慨。因问：“公佳城[①]在某所，何独游至此？”某公喟然曰：“我在世无过失，然读书第随人作计，为官第循分供职，亦无所树立。不意葬数年后，墓前忽见一巨碑，螭额[②]篆文，是我官阶姓字；碑文所述，则我皆不知，其中略有影响者，又都过实。我一生朴拙，意已不安；加以游人过读，时有讥评；鬼物聚观，更多姗笑。我不耐其聒，因避居于此。惟岁时[③]祭扫，到彼一视子孙耳。”士人曲相宽慰曰：“仁人孝子，非此不足以荣亲。蔡中郎不免愧词，韩吏部亦尝谀墓。古多此例，公亦何必介怀？”某公正色曰：“是非之公，人心具在；人即可诳，自问已惭。况公论具存，诳亦何益？荣亲当在显扬，何必以虚词招谤乎？不谓后起胜流，所见皆如是也。”拂衣竟起。士人惘惘而归。余谓此玉典寓言也。其妇翁田白岩曰：“此事不必果有，此论则不可不存。”

【注释】

①佳城：即墓地。 ②螭（chī）额：雕有螭形的碑文。 ③岁时：逢年过节的时候。

奴子董柱言：景河镇某甲，其兄殁，寡嫂在母家。以农忙，与妻共诣之，邀归助馌饷[①]。至中途，憩破寺中。某甲使妇守寺门，而入与嫂调谑。

嫂怒叱，竟肆强暴。嫂扞拒[2]呼救，去人窎远[3]，无应者。妇自入沮解[4]，亦不听。会有馌妇蹐于途，碎其瓶罍，客作五六人，皆归就食。适经过，闻声趋视。具陈状。众共愤怒，纵其嫂先行；以二人更番持某甲，裸其妇而迭淫焉。频行，叱曰："尔淫嫂，有我辈证，尔当死。我辈淫尔妇，尔嫂决不为证也。任尔控官，吾辈午餐去矣。"某甲反叩额于地，祈众秘其事。此所谓假公济私者也，与前所记杨生事，同一非理，而亦同一快人意。后乡人皆知，然无肯发其事者：一则客作皆流民，一日耘毕，得值即散，无从知为谁何；一则恶某甲故也。皆曰："馌妇之蹐，不先不后，岂非若或使之哉！"

【注释】

①馌饷（yè xiǎng）：送食物到田间地头。 ②扞（hàn）拒：抵抗。 ③窎（diào）远：遥远。 ④沮解：劝解。

董秋原言：东昌一书生，夜行郊外。忽见甲第甚宏壮，私念此某氏墓，安有是宅，殆狐魅所化欤？稔闻《聊斋志异》青凤、水仙诸事，冀有所遇，踯躅[1]不行。俄有车马从西来，服饰甚华，一中年妇揭帏指生曰："此郎即大佳，可延入。"生视车后一幼女，妙丽如神仙，大喜过望。既入门，即有二婢出邀。生既审为狐，不问氏族，随之入。亦不见主人出，但供张甚盛，饮馔丰美而已。生候合卺，心摇摇如悬旌。至夕，箫鼓喧阗，一老翁搴帘揖曰："新婿入赘，已到门。先生文士，定习婚仪，敢屈为傧相，三党有光。"生大失望，然原未议婚，无可复语；又饫[2]其酒食，难以遽辞。草草为成礼，不别而归。家人以失生一昼夜，方四出觅访。生愤愤道所遇，闻者莫不拊掌曰："非狐戏君，乃君自戏也。"

余因言有李二混者，贫不自存，赴京师谋食。途遇一少妇骑驴，李趁与语，微相调谑。少妇不答亦不嗔。次日，又相遇，少妇掷一帕与之，鞭驴径去，回顾曰："吾今日宿固安也。"李启其帕，乃银簪珥数事。适资斧竭，持诣质库。正质库昨夜所失，大受拷掠，竟自诬为盗。是乃真为狐戏矣。秋原曰："不调少妇，何缘致此？仍谓之自戏可也。"

【注释】

①踯躅（zhí zhú）：同"踟躇"，徘徊不前。 ②饫（yù）：饱食。

莆田李生裕翀[1]言：有陈至刚者，其妇死，遗二子一女。岁馀，至刚又死。田数亩、屋数间，俱为兄嫂收去，声言以养其子女，而实虐遇之。

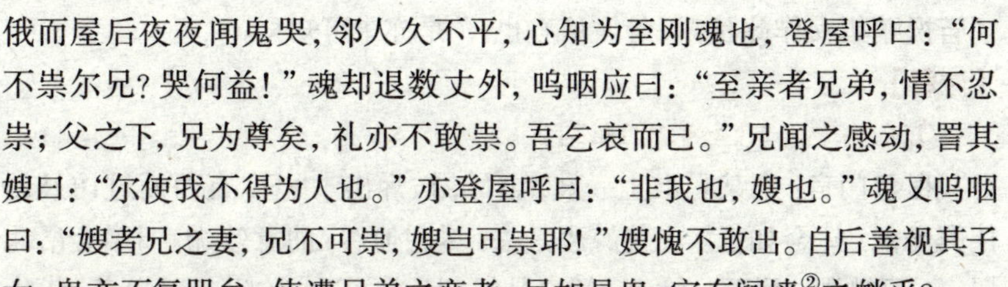

俄而屋后夜夜闻鬼哭，邻人久不平，心知为至刚魂也，登屋呼曰：“何不祟尔兄？哭何益！”魂却退数丈外，呜咽应曰：“至亲者兄弟，情不忍祟；父之下，兄为尊矣，礼亦不敢祟。吾乞哀而已。”兄闻之感动，詈其嫂曰：“尔使我不得为人也。”亦登屋呼曰：“非我也，嫂也。”魂又呜咽曰：“嫂者兄之妻，兄不可祟，嫂岂可祟耶！”嫂愧不敢出。自后善视其子女，鬼亦不复哭矣。使遭兄弟之变者，尽如是鬼，宁有阋墙[②]之衅乎？

【注释】

①翀：音chōng。 ②阋（xì）墙：指兄弟之间相争。

乾隆甲子[①]，余在河间应科试，有同学以帕幂首，云堕驴伤额也。既而有同行者知之，曰：“是于中途遇少妇，靓妆独立官柳下，忽按辔问途。少妇曰：‘南北驿路，车马往来，岂有迷途之患？尔直欺我孤立耳。’忽有飞瓦击之，流血破面。少妇径入秫田去，不知是人是狐是鬼也。但未见举手，而瓦忽横击，疑其非人；鬼又不应白日出，疑其狐矣。”高梅村曰：“此不必深问。无论是人是鬼是狐，总之当击耳。”又丁卯[②]秋，闻有京官子，暮过横街东，为娼女诱入室。突其夫半夜归，胁使尽解衣履，裸无寸缕，负置门外丛冢间。京官子无计，乃号呼称遇鬼。有人告其家迎归。姚安公时官户部，闻之笑曰：“今乃知鬼能作贼。”此均足为佻薄者戒也。

【注释】

①乾隆甲子：乾隆九年，即1744年。 ②丁卯：乾隆十二年，即1747年。

苏州朱生焕，举壬午[①]顺天乡试第二人，余分校所取也。一日，集余阅微草堂，酒间各说异闻。生言：曩乘舟，见一舵工额上恒粘一膏药，纵约寸许，横倍之。云有疮，须避风。行数日，一篙工私语客曰：“是大奇事，云有疮者伪也。彼尝为会首，赛水神例应捧香而前。一夕犯不洁，方跪致祝，有风飐炉灰扑其面；骨栗神悚，几不成礼。退而拂拭，则额上现一墨画秘戏图，神态生动，宛肖其夫妇。洗濯不去，转更分明，故以膏药掩之也。”众不深信，然既有此言，出入往来，不能不注视其额。舵工觉之，曰：“小儿又饶舌耶！”长喟而已。然则其事殆不虚，惜未便揭视之耳。

又余乳母李媪言：曩登泰山，见娼女与所欢皆往进香，遇于逆旅，伺隙偶一接唇，竟胶粘不解，擘之则痛彻心髓。众为忏悔，乃开。或曰：

“庙祝贿娼女作此状，以耸人信心也。”是亦未可知矣。

【注释】

①壬午：乾隆二十七年，即1762年。

程鱼门言：朱某昵淮上一妓，金尽，被斥出。一日，有西商过访妓，仆舆奢丽，挥金如土。妓兢兢恐其去，尽谢他客，曲意效媚。日赠金帛珠翠，不可缕数。居两月馀，云暂出赴扬州，遂不返。访问亦无知者。赀货既饶，拟去北里为良家。检点箧笥[①]，所赠已一物不存，朱某所赠亦不存；惟留二百馀金，恰足两月馀酒食费。一家迷离惝恍，如梦乍回。或曰，闻朱某有狐友，殆代为报复云。

【注释】

①箧笥：箱笼。

鱼门又言：游士某，在广陵纳一妾，颇娴文墨。意甚相得，时于闺中倡和。一日，夜归饮，僮婢已睡，室内暗无灯火。入视阒然[①]，惟案上一札曰：“妾本狐女，僻处山林。以夙负应偿，从君半载。今业缘已尽，不敢淹留。本拟暂住待君，以展永别之意，恐两相凄恋，弥难为怀。是以茹痛竟行，不敢再面。临风回首，百结柔肠。或以此一念，三生石上，再种后缘，亦未可知耳！诸惟自爱，勿以一女子之故，至损清神。则妾虽去而心稍慰矣。”某得书悲感，以示朋旧，咸相慨叹。以典籍尝有此事，弗致疑也。后月馀，妾与所欢北上，舟行被盗，鸣官待捕；稽留淮上者数月，其事乃露。盖其母重鬻于人，伪以狐女自脱也。周书昌曰：“是真狐女，何伪之云？吾恐志异诸书所载，始遇仙姬，久而舍去者，其中或不无此类也乎！”

【注释】

①阒然：形容寂静无声的样子。

崔庄多枣，动辄成林，俗谓之枣行。（户郎切。）余小时，闻有妇女数人，出挑菜，过树下，有小儿坐树杪[①]，摘红熟者掷地下。众竞拾取。小儿急呼曰：“吾自喜周二姐娇媚，摘此与食。尔辈黑鬼，何得夺也？”众怒詈，二姐恶其轻薄，亦怒詈，拾块击之。小儿跃过别枝，如飞鸟穿林去。忽悟村中无此儿，必妖魅也。姚安公曰：“赖周二姐一詈一击，否则必为所媚矣。凡妖魅媚人，皆自招致。苏东坡《范增论》曰：‘物必先腐也而后虫生之。’”

【注释】

①树杪：树梢。

有选人在横街夜饮，步月而归。其寓在珠市口，因从香厂取捷径。一小奴持烛笼行，中路踣而灭。望一家灯未息，往乞火。有妇应门，邀入茗饮。心知为青楼，姑以遣兴。然妇羞涩低眉，意色惨沮。欲出，又牵袂固留。试调之，亦宛转相就。适携数金，即以赠之。妇谢不受，但祈曰："如念今宵爱，有长随某住某处，渠久闲居，妻亡子女幼，不免饥寒。君肯携之赴任，则九泉感德矣。"选人戏问："卿可相随否？"泫然曰："妾实非人，即某妻也。为某不能赡子女，故冒耻相求耳。"选人悚然而出，回视乃一新冢也。后感其意，竟携此人及子女去。求一长随，至鬼亦荐枕，长随之多财可知。财自何来？其蠹官[1]而病民可知矣。

【注释】

①蠹（dù）官：贪污公家。

牛犊马驹，或生鳞角，蛟龙之所合，非真麟也。妇女露寝，为所合者亦有之。惟外舅马氏家，一佃户年近六旬，独行遇雨，雷电晦冥，有龙探爪按其笠。以为当受天诛，悸而踣。觉龙碎裂其裤，以为褫衣而后施刑也。不意龙捩转[1]其背，据地淫之。稍转侧缩避，辄怒吼，磨牙其顶。惧为吞噬，伏不敢动。移一二刻，始霹雳一声去。呻吟塍上，腥涎满身。幸其子持蓑来迎，乃负以返。初尚讳匿，既而创甚，求医药，始道其实。耘苗之候，馌妇众矣，乃狎一男子；牧竖亦众矣，乃狎一衰翁，此亦不可以理解者。

【注释】

①捩（liè）转：扭转。

宋村厂（从弟东白庄名，土人省语呼厂里。）仓中旧有狐。余家未析箸时，姚安公从王德庵先生读书是庄。仆隶夜入仓院，多被瓦击，而不见其形，惟先生得纳凉其中，不遭扰戏。然时见男女往来，且木榻藤枕，俱无纤尘，若时拂拭者。一日，暗中见一人循墙走，似是一翁，呼问之曰："吾闻狐不近正人，吾其不正乎？"翁拱手对曰："凡兴妖作祟之狐，则不敢近正人；若读书知礼之狐，则乐近正人。先生君子也，故虽少妇稚女，亦不相避，信先生无邪心也。先生何反自疑耶？"先生曰："虽然，幽明异路，终不宜相接，请勿见形可乎？"翁磬折[1]曰："诺。"自是不复睹矣。

【注释】

①磬折：弯腰，表示谦恭。

沧州有一游方尼，即前为某夫人解说因缘者也，不许妇女至其寺，而肯至人家。虽小家以粗粝[①]为供，亦欣然往。不劝妇女布施，惟劝之存善心，作善事。外祖雪峰张公家，一范姓仆妇，施布一匹。尼合掌谢讫，置几上片刻，仍举付此妇曰："檀越功德，佛已鉴照矣。既蒙见施，布即我布。今已九月，顷见尊姑犹单衫。谨以奉赠，为尊姑制一絮衣可乎？"仆妇踧踖[②]无一词，惟面赪汗下。姚安公曰："此尼乃深得佛心。"惜闺阁多传其轶事，竟无人能举其名。

【注释】

①粗粝：泛指粗劣的食物。②踧踖（cù jí）：不安的样子。

先太夫人乳母廖媪言：四月二十八日，沧州社会也，妇女进香者如云。有少年于日暮时，见城外一牛车向东去，载二女，皆妙丽，不类村妆。疑为大家内眷，又不应无一婢媪，且不应坐露车。正疑思间，一女遗红帕于地，其中似裹数百钱，女及御者皆不顾。少年素朴愿，恐或追觅为累，亦未敢拾。归以告母，诮诃[①]其痴。越半载，邻村少年为二狐所媚，病瘵死。有知其始末者，曰："正以拾帕索帕，两相调谑媾合也。"母闻之，憬然悟曰："吾乃知痴是不痴，不痴是痴。"

【注释】

①诮诃：呵斥责备。

卷十四　槐西杂志四

刘燮[①]甫言：有一学子，年十六七，聪俊韶秀，似是近上一流，甚望成立。一日，忽发狂谵语，如见鬼神。俟醒时问之，自云："景城社会观戏，不觉夜深，归途过一家求饮。唯一少妇，取水饮我，留我小坐，言其夫应官外出，须明日方归。流目送盼，似欲相就。爱其婉媚，遂相燕好。临行泣涕，嘱勿再来，以二钏赠我。次日视之，铜青斑斑，微有银色，似多年土中者。心知是鬼，而忆念不忘。昨再至其地，徘徊寻视。突有黑面长髯人，手批我颊，跄踉奔归。彼亦随至。从此时时见之，向我诟厉。我即忽睡忽醒，不知其他也。"父母为诣墓设奠，并埋其钏。俄其子瞋目呼曰：

“我妇失钏，疑有别故；而未得主名，仅倒悬鞭五百，转鬻远处。今见汝窃来，乃知为汝所诱。此何等事，可以酒食金钱谢耶？”颠痫月馀，竟以不起。然则钻穴逾墙，即地下亦尚有祸患矣。

【注释】

①爕：音xiè。

李云举言：东光有薰狐者，每载燧挟罟，来往墟墓间。一夜，伏伺之际，见一方巾襕衫[①]人自墓顶出，䰯（苦侯反。《说文》曰：“鬼声也。”）长啸，群狐四集，围绕丛薄，狰狞嗥叫，齐呼捕此恶人，煮以作脯。薰狐者无路可逃，乃攀援上高树。方巾者指挥群狐，令锯树倒。即闻锯声訇訇然。薰狐者窘急，俯而号曰：“如蒙见释，不敢再履此地。”群狐不应，锯声更厉。如是号再三，方巾者曰：“果尔，可设誓。”誓讫，鬼狐惧不见。此鬼此狐，均可谓善了事矣。

盖侵扰无已，势不得不铤而走险，背城借一[②]。以群狐之力，原不难于杀一人；然杀一人易，杀一人而激众人之怒，不焚巢犁穴不止也。仅使知畏而纵之，姑取和焉，则后患息矣。有力者不尽其力，乃可以养威；屈人者使其易从，乃可以就服。召陵之役，不责以僭王，而责以苞茅，使易从也；屈完来盟即旋师，不尽其力，以养威也。讲学家说《春秋》者，动议齐桓之小就。方城汉水之固，不识可一战胜乎？一战而不胜，天下事尚可为乎？淮西、符离之事，吾征诸史册矣。

【注释】

①襕（lán）衫：古代士人服饰，因其衫下施横襕为裳，故称。 ②背城借一：在自己城下与敌人决一死战，比喻到了生死存亡的时刻。

景州李西压言：其家一佃户，最有胆，种瓜亩馀，地在丛冢侧。熟时恒自守护，独宿草屋中，或偶有形声，亦恬不为惧。一夕，闻鬼语嘈杂，似相喧诟。出视，则二鬼冢上格斗，一女鬼痴立于旁。呼问其故，一人曰：“君来大佳，一事乞君断曲直：天下有对其本夫调其定婚之妻者耶？”其一人语亦同。佃户呼女鬼曰：“究竟汝与谁定婚？”女鬼腼腆良久，曰：“我本妓女。妓家之例，凡多钱者皆密订相嫁娶。今在冥途，仍操旧术，实不能一一记姓名，不敢言谁有约，亦不敢言谁无约也。”佃户笑且唾曰：“何处得此二痴物！”举首则三鬼皆逝矣。

又小时闻舅祖陈公（讳颖孙，岁久失记其字号。德音公之弟，庚子[①]进士，仙居知县秋亭之祖也。）说亲见一事曰："亲串中有殁后妾改适者，魂附病婢灵语曰：'我昔问尔，尔自言不嫁。今何负心？'妾殊不惧，从容对曰：'天下有夫尚未亡，自言必改适者乎？公此问先愦愦，何怪我如是答乎？'"二事可互相发明也。

【注释】

①庚子：康熙五十九年，即1720年。

亲串家厅事之侧有别院，屋三楹。一门客每宿其中，则梦见男女裸逐，粉黛杂沓，四周环绕，备诸媟状。初甚乐观，久而夜夜如是，自疑心病也。然移住他室则不梦，又疑为妖。然未睡时绝无影响，秉烛至旦，亦无见闻。其人亦自相狎戏，如不睹旁尚有人，又似非魅，终莫能明。一日，忽悟书厨贮牙镌石琢横陈像凡十馀事，秘戏册卷大小亦十馀事，必此物为祟。乃密白主人尽焚之。有知其事者曰："是物何能为祟哉！此主人征歌选妓之所也，气机所感，而淫鬼应之。此君亦青楼之狎客也，精神所注，而妖梦通之。水腐而后蠛蠓[①]生，酒酸而后醯鸡[②]集，理之自然也。市肆鬻杂货者，是物不少，何不一一为祟？宿是室者非一人，何不一一入梦哉？此可思其本矣。徒焚此物，无益也。某氏其衰乎！"不十年，而屋易主。

【注释】

①蠛蠓（miè měng）：一种比蚊子小的昆虫，黑色或褐色。 ②醯（xī）鸡：酒瓮中长的一种小虫子。

明公恕斋，尝为献县令，良吏也。官太平府时，有疑狱，易服自察访之。偶憩小庵，僧年八十馀矣，见公合掌肃立，呼其徒具茶。徒遥应曰："太守且至，可引客权坐别室。"僧应曰："太守已至，可速来献。"公大骇曰："尔何以知我来？"曰："公一郡之主也，一举一动，通国皆知之，宁独老僧！"又问："尔何以识我？"曰："太守不能识一郡之人，一郡之人则孰不识太守。"问："尔知我何事出？"曰："某案之事，两造[①]皆遣其党，布散道路间久矣，彼皆阳不识公耳。"公怃然自失，因问："尔何独不阳不识？"

僧投地膜拜曰："死罪死罪！欲得公此问也。公为郡不减龚黄[②]，然微不慊[③]于众心者，曰好访。此不特神奸巨蠹，能预为蛊惑计也；即乡里小民，孰无亲党，孰无恩怨乎哉？访甲之党，则甲直而乙曲；访乙之党，则甲曲而乙直。访其有仇者，则有仇者必曲；访其有恩者，则有恩者必直。至于妇人孺子，闻见不真；病媪衰翁，语言昏愦，又可据为信谳乎？公亲访犹如此，再寄耳目于他人，庸有幸乎？且夫访之为害，非仅听讼为然也。闾阎[④]利病，访亦为害，而河渠堤堰为尤甚。小民各私其身家，水有利则遏以自肥，水有患则邻国为壑，是其胜算矣。孰肯揆[⑤]地形之大局，为永远安澜之计哉？老僧方外人也，本不应预世间事，况官家事耶？第佛法慈悲，舍身济众，苟利于物，固应昌死言之耳。惟公俯察焉。”公沉思其语，竟不访而归。次日，遣役送钱米。归报曰：“公返之后，僧谓其徒曰：‘吾心事已毕。’竟泊然逝矣。”

此事杨丈汶川尝言之，姚安公曰：“凡狱情虚心研察，情伪乃明，信人信己皆非也。信人之弊，僧言是也；信己之弊，亦有不可胜言者。安得再一老僧，亦为说法乎！”

【注释】

①两造：涉诉讼的原告与被告两边。②龚黄：泛指循吏。③慊（qiè）：满足。④闾阎：泛指百姓。⑤揆（kuí）：揣测。

胡厚庵先生言：有书生昵一狐女，初遇时，以二寸许壶卢授生，使佩于衣带，而自入其中。欲与晤，则拔其楔，便出嬿婉[①]，去则仍入而楔之。一日，行市中，壶卢为偷儿剪去。从此遂绝，意恒怅怅。偶散步郊外，以消郁结，闻丛翳中有相呼者，其声狐女也。就往与语，匿不肯出，曰：“妾已变形，不能复与君见矣。”怪诘其故。泣诉曰：“采补炼形，狐之常理。近不知何处一道士，又搜索我辈，供其采补。捕得禁以神咒，即僵如木偶，一听其所为。或有道力稍坚，吸之不吐者，则蒸以为脯。血肉既啖，精气亦为所收。妾入壶卢盖避此难，不意仍为所物色，攘之以归。妾畏罹汤镬，已献其丹，幸留残喘。然失丹以后，遂复兽形，从此炼精又须二三百年，始能变化。天荒地老，后会无期；感念旧恩，故呼君一诀。努力自爱，毋更相思也。”生愤恚曰：“何不诉于神？”曰：“诉者多矣。神以为悖入悖出，自作之愆；杀人人杀，相酬之道，置不为理也。乃知百计巧取，适以自戕。自今以往，当专心吐纳，不复更操此术矣。”

此事在乾隆丁巳、戊午[②]间，厚庵先生曾亲见此生。后数年，闻山东雷击一道士，或即此道士淫杀过度，又伏天诛欤？螳螂捕蝉，黄雀在后，挟弹者又在其后，此之谓矣。

【注释】

①嬿婉（yàn wǎn）：原指美女，这里指亲昵。②乾隆丁巳、戊午：乾隆二年、三年，即1737、1738年。

张某、瞿某，幼同学，长相善也。瞿与人讼，张受金，刺得其阴谋，泄于其敌。瞿大受窘辱，衔之次骨；然事密无左证，外则未相绝也。俄张死，瞿百计娶得其妇。虽事事成礼，而家庭共语，则仍呼曰张几嫂。妇故朴愿，以为相怜相戏，亦不较也。一日，与妇对食，忽跃起自呼其名曰："瞿某，尔何太甚耶？我诚负心，我妇归汝，足偿矣。尔必仍呼嫂何耶？妇再嫁常事，娶再嫁妇亦常事。我既死，不能禁妇嫁，即不能禁汝娶也。我已失朋友义，亦不能责汝娶朋友妇也。今尔不以为妇，仍系我姓呼为嫂，是尔非娶我妇，乃淫我妇也。淫我妇者，我得而诛之矣。"竟颠狂数日死。夫以直报怨，圣人不禁。张固小人之常态，非不共之仇也。计娶其妇，报之已甚矣；而又视若倚门妇[①]，玷其家声，是已甚之中又已甚焉。何怪其愤激为厉哉！

【注释】

①倚门妇：倚门卖笑的妓女。

一恶少感寒疾，昏愦中魂已出舍，伥伥无所适。见有人来往，随之同行。不觉至冥司，遇一吏，其故人也。为检籍良久，蹙额曰："君多忤父母，于法当付镬汤狱[①]。今寿尚未终，可且反，寿终再来受报可也。"恶少惶怖，叩首求解脱。吏摇首曰："此罪至重，微我难解脱，即释迦牟尼亦无能为力也。"恶少泣涕求不已。吏沉思曰："有一故事，君知乎？一禅师登座，问：'虎颔下铃，何人能解？'众未及对，一沙弥曰：'何不令系铃人解。'得罪父母，还向父母忏悔，或希冀可免乎！"少年虑罪业深重，非一时所可忏悔。吏笑曰："又有一故事，君之闻杀猪王屠，放下屠刀，立地成佛乎？"遣一鬼送之归，霍然遂愈。自是洗心涤虑，转为父母所爱怜。后年七十馀乃终。虽不知其果免地狱否，然观其得寿如是，似已许忏悔矣。

【注释】

①镬（huò）汤狱：佛经所说"十八地狱"之一，用以烹罪人。

毛其人言：有耿某者，勇而悍。山行遇虎，奋一梃与斗，虎竟避去，自以为中黄[①]、佽飞[②]之流也。偶闻某寺后多鬼，时嬲醉人，愤往驱逐。有好事者数人随之往。至则日薄暮，乃纵饮至夜，坐后垣上待其来。二鼓

螳螂捕蝉，黄雀在后，挟弹者又在其后，此之谓矣。

后，隐隐闻啸声，乃大呼曰："耿某在此！"倏人影无数，涌而至，皆吃吃笑曰："是尔耶，易与耳。"耿怒跃下，则鸟兽散去，遥呼其名而詈之，东逐则在西，西逐则在东，此没彼出，倏忽千变。耿旋转如风轮，终不见一鬼，疲极欲返，则嘲笑以激之，渐引渐远。突一奇鬼当路立，锯牙电目，张爪欲搏。急奋拳一击，忽嗷然自仆，指已折，掌已裂矣，乃误击墓碑上也。群鬼合声曰："勇哉！"瞥然俱杳。诸壁上观者闻耿呼痛，共持炬舁归。卧数日，乃能起，右手遂废。从此猛气都尽，竟唾面自干焉。夫能与虓虎敌，而不能不为鬼所困，虎斗力，鬼斗智也。以有限之力，欲胜无穷之变幻，非天下之痴人乎？然一惩即戒，毅然自返，虽谓之大智慧人，亦可也。

【注释】

①中黄：即中黄伯，古代勇士。②佽（cì）飞：即佽非，春秋时楚国勇士。

河豚惟天津至多，土人食之如园蔬；然亦恒有死者，不必家家皆善烹治也。姨丈惕[①]园牛公言：有一人嗜河豚，卒中毒死。死后见梦于妻子曰："祀我何不以河豚耶？"此真死而无悔也。又姚安公言：里有人粗温饱，后以博破家。临殁，语其子曰："必以博具置棺中。如无鬼，与白骨同为土耳，于事何害？如有鬼，荒榛蔓草之间，非此何以消遣耶！"比大殓，佥曰："死葬之以礼，乱命不可从也。"其子曰："独不云事死如事生乎？生不能几谏，殁乃违之乎？我不讲学，诸公勿干预人家事。"卒从其命。姚安公曰："非礼也，然亦孝子无已之心也。吾恶夫事事遵古礼而思亲之心则漠然者也。"

【注释】

①惕：音tì。

田村一农妇，甚贞静。一日馌饷，有书生遇于野，从乞瓶中水，妇不应。出金一锭投其袖，妇掷且詈，书生皇恐遁。晚告其夫，物色之，无是人，疑其魅也。数日后，其夫外出，阻雨不得归。魅乃幻其夫形，作冒雨归者，入与寝处，草草息灯，遽相媟戏。忽电光射窗，照见乃向书生。妇恚甚，爪败其面。魅甫跃出窗，闻呦然一声，莫知所往。次早夫归，则门外一猴脑裂死，如刃所中也。盖妖之媚人，皆因其怀春而媾合。若本无是心，而乘其不意，变幻以败其节，则罪当与强污等。揆诸神理，自必不容，而较前记竹汀所说事，其报更速。或社公权微，不能即断；此遇大神

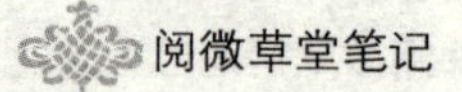

立殛[①]之？抑彼尚未成，此则已玷，可以不请而诛欤？

【注释】

①殛（jí）：杀死。

王史亭编修言：有崔生者，以罪戍广东。恐携孥有意外，乃留其妻妾，只身行。到戍后，穷愁抑郁，殊不自聊；且回思“少妇登楼”，弥增忉怛[①]。

偶遇一叟，自云姓董，字无念。言颇契，愍其流落，延为子师，亦甚相得。一夕，宾主夜酌，楼高月满，忽动离怀，把酒倚栏，都忘酬酢。叟笑曰：“君其有‘云鬟玉臂’之感乎？托在契末[②]，已早为经纪，但至否未可知，故先不奉告；旬月后当有耗耳。”

又半载，叟忽戒僮婢扫治别室，意甚匆遽。顷之，则三小肩舆至，妻妾及一婢揭帘出矣。惊喜怪问。皆曰：“得君信相迓[③]，嘱随某官眷属至。急不能久待，故草草来；家事托几房几兄代治，约岁得租米，岁岁鬻金寄至矣。”问：“婢何来？”曰：“即某官之媵，嫡不能容，以贱价就舟中鬻得也。”生感激拜叟，至于涕零。从此完聚成家，无复故园之梦。越数月，叟谓生曰：“此婢中途邂逅，患难相从，当亦是有缘。似当共侍巾栉，无独使向隅也。”

又数载，遇赦得归。生喜跃不能寐，而妻妾及婢俱惨惨有离别之色。生慰之曰：“尔辈念主人恩耶？倘不死，会有日相报耳。”皆不答，惟趣为生治装。濒行，翁治酒作饯，并呼三女出曰：“今日事须明言矣。”因拱手对生曰：“老夫地仙也。过去生中，与君同官。殁后，君百计营求，归吾妻子，恒耿耿不忘。今君别鹤离鸾，自合为君料理；但山川绵邈，二孱弱女子，何以能来？因摄召花妖，俾先至君家中半年，窥尊室容貌语言，摹拟惧似；并刺知家中旧事，便君有证不疑。渠本三姊妹，故多增一婢耳。渠皆幻相，君勿复思，到家相对旧人，仍与此间无异矣。”生请与三女俱归。叟曰：“鬼神各有地界，可暂出不可久越也。”三女握手作别，洒泪沾衣，俯仰间已俱不见。登舟时，遥见立岸上，招之不至矣。归后，妻子具言家日落，赖君岁岁寄金来，得活至今。盖亦此叟所为也。

使世间离别人皆逢此叟，则无复牛女银河之恨矣。吏亭曰：“信然。然粤东有地仙，他处亦必有地仙；董叟有此术，他仙亦必有此术。所以无人再逢者，当由过去生中原未受恩，胡不肯竭尽心力缩地补天耳。”

【注释】

①忉怛(dāo dá):悲痛。②契末:自谦的称呼。③相迓(yà):相迎。

卷十五 姑妄听之一

余性耽孤寂,而不能自闲。卷轴笔砚,自束发至今,无数十日相离也。三十以前,讲考证之学,所坐之处,典籍环绕如獭祭[①]。三十以后,以文章与天下相驰骤,抽黄对白[②],恒彻夜构思。五十以后,领修秘籍,复折而讲考证。今老矣,无复当年之意兴,惟时拈纸墨,追录旧闻,姑以消遣岁月而已。故已成《滦阳消夏录》等三书,复有此集。缅昔作者,如王仲任、应仲远,引经据古,博辨宏通;陶渊明、刘敬叔、刘义庆,简澹数言,自然妙远。诚不敢妄拟前修,然大旨期不乖于风教。若怀挟恩怨,颠倒是非,如魏泰、陈善之所为,则自信无是矣。适盛子松云欲为剞劂[③],因率书数行弁[④]于首。以多得诸传闻也,遂采庄子之语名曰《姑妄听之》。乾隆癸丑[⑤]七月二十五日,观弈道人自题。

【注释】

①獭(tǎ)祭:獭将捕到的鱼排在岸边,如同陈列祭品,故称祭祀为獭祭。②抽黄对白:形容对仗工整。③剞劂(jī jué):原指刻镂的刀具,这里指雕版刻印。④弁:长篇文章的序言。⑤乾隆癸丑:乾隆五十八年,即1793年。

龚集生言:乾隆己未[①],在京师,寓灵佑宫,与一道士相识,时共杯酌。一日观剧,邀同往,亦欣然相随。薄暮归,道士拱揖曰:"承诸君雅意,无以为酬,今夜一观傀儡可乎?"入夜,至所居室中,惟一大方几,近边略具酒果,中央则陈一棋局。呼童子闭外门,请宾四面围几坐。酒一再行,道士拍界尺一声,即有数小人长八九寸,落局上,合声演剧。呦呦嘤嘤,音如四五岁童子;而男女装饰,音调关目,一一与戏场无异。一出终,(传奇以一折为一齣。古无是字,始见吴任臣《字汇补注》,"齣"读如"尺"。相沿已久,遂不能废。今亦从俗体书之。)瞥然不见。又数人落下,别演一出。众且骇且喜。畅饮至夜分,道士命童子于门外几上置鸡卵数百,白酒数罂,戛然乐止,惟闻餔[②]啜之声矣。诘其何术,道士曰:"凡得五雷法者,皆可以役狐。狐能大能小,故遣作此戏,为一宵之娱。然惟供驱使则可,若或役之盗物,役之祟人,或摄召狐女荐枕席,则天谴立至矣。"众见所未见,乞后夜再观,道士诺之。次夕诣所居，则早起已携童子去。

【注释】

①乾隆己未：乾隆四年，即1739年。 ②餔（bū）：食，吃。

乌鲁木齐遣犯刚朝荣言：有二人诣西藏贸易，各乘一骡，山行失路，不辨东西。忽十馀人自悬崖跃下，疑为夹坝。（西番以劫盗为夹坝，犹额鲁特之玛哈沁也。）渐近，则长皆七八尺，身毵毵[①]有毛，或黄或绿，面目似人非人，语啁哳不可辨。知为妖魅，度必死，皆战栗伏地。十馀人乃相向而笑，无搏噬之状，惟挟人于胁下，而驱其骡行。至一山坳，置人于地，二骡一推堕坎中，一抽刀屠割，吹火燔熟，环坐吞啖。亦提二人就坐，各置肉于前。察其似无恶意，方饥困，亦姑食之。既饱之后，十馀人皆扪腹仰啸，声类马嘶。中二人仍各挟一人，飞越峻岭三四重，捷如猿鸟，送至官路旁，各予以一石，瞥然竟去。石巨如瓜，皆绿松也。携归货之，得价倍于所丧。事在乙酉、丙戌[②]间。朝荣曾见其一人，言之甚悉。此未知为山精，为木魅，观其行事，似非妖物。殆幽岩穹谷之中，自有此一种野人，从古未与世通耳。

【注释】

①毵毵（sān）：毛发细长的样子。 ②乙酉、丙戌：乾隆三十年、三十一年，即1765、1766年。

董家庄佃户丁锦，生一子曰二牛。又一女赘曹宁为婿，相助工作，甚相得也。二牛生一子曰三宝。女亦生一女，因住母家，遂联名曰四宝。其生也同年同月，差数日耳。姑嫂互相抱携，互相乳哺，襁褓中已结婚姻。三宝四宝又甚相爱，稍长，即跬步不离。小家不知别嫌疑，于二儿嬉戏时，每指曰："此汝夫，此汝妇也。"二儿虽不知为何语，然闻之则已稔矣。七八岁外，稍稍解事，然俱随二牛之母同卧起，不相避忌。会康熙辛丑[①]至雍正癸卯[②]岁屡歉，锦夫妇并殁。曹宁先流转至京师，贫不自存，质四宝于陈郎中家。（不知其名，惟知为江南人。）二牛继至，会郎中求馆僮，亦质三宝于其家，而诫勿言与四宝为夫妇。郎中家法严，每笞四宝，三宝必暗泣；笞三宝，四宝亦然。郎中疑之，转质四宝于郑氏，（或云，即貂皮郑也。）而逐三宝。三宝仍投旧媒媪，又引与一家为馆僮。久而微闻四宝所在，乃夤缘[③]入郑氏家。数日后，得见四宝，相持痛哭，时已十三四矣。郑氏怪之，则诡以兄妹相逢对。郑氏以其名行第相连，遂不疑。然内外隔绝，仅出入时相与目成而已。后岁稔，二牛、曹宁并赴京赎子女，辗转寻访至郑氏。郑氏始知其本夫妇，意甚悯恻，欲助之合卺，而仍留服役。其馆师严某，讲学家也，不知古今事异，昌言排斥曰："中表为婚礼所禁，亦律所禁，违之且有天诛。主人意虽善，然我辈读书人，当以风化为己任，见悖理乱伦而不沮，是成人之恶，非君子也。"以去就力争。郑氏故良懦，二牛、曹宁亦乡愚，闻违法罪重，皆慑而止。后四宝鬻为选人妾，不数月病卒。三宝发狂走出，莫知所终。

或曰："四宝虽被迫胁去，然毁容哭泣，实未与选人共房帏。惜不知其详耳。"果其如是，则是二人者，天上人间，会当相见，定非一瞑不视者矣。惟严某作此恶业，不知何心，亦不知其究竟。然神理昭昭，当无善报。或又曰："是非泥古，亦非好名，殆觊觎四宝，欲以自侍耳。"若然，则地狱之设，正为斯人矣。

【注释】

①康熙辛丑：康熙六十年，即1721年。②雍正癸卯：雍正元年，即1723年。③夤（yín）缘：攀附关系。

"遗秉""滞穗"①，寡妇之利，其事远见于周雅。乡村麦熟时，妇孺数十为群，随刈者之后，收所残剩，谓之拾麦。农家习以为俗，亦不复回顾，犹古风也。人情渐薄，趋利若骛，所残剩者不足给，遂颇有盗窃攘夺，又浸淫而失其初意者矣。故四五月间，妇女露宿者遍野。

有数人在静海之东，日暮后趁凉夜行，遥见一处有灯火，往就乞饮。至则门庭华焕，僮仆皆鲜衣；堂上张灯设乐，似乎燕宾。遥望三贵人据榻坐，方进酒行炙。众陈投止意，阍者为白主人，颔之。俄又呼回，似附耳有所嘱。阍者出，引一媪悄语曰："此去城市稍远，仓卒不能致妓女。主人欲于同来女伴中，择端正者三人侑酒荐寝，每人赠百金；其馀亦各有犒赏。媪为通词，犒赏当加倍。"媪密告众。众利得赀，怂恿幼妇应其请。遂引三人入，沐浴妆饰，更衣裙侍客；诸妇女皆置别室，亦大有酒食。至夜分，三贵人各拥一妇入别院，阖家皆灭烛就眠。诸妇女行路疲困，亦酣卧不知晓。比日高睡醒，则第宅人物，一无所睹，惟野草芃芃②，一望无际而已。寻觅三妇，皆裸露在草间，所更衣裙已不见，惟旧衣抛十馀步外，幸尚存。视所与金，皆纸铤。疑为鬼。而饮食皆真物，又疑为狐。或地近海滨，蛟螭水怪所为欤？

贪利失身，乃只博一饱。想其惘然相对，忆此一宵，亦大似邯郸枕上矣。先兄晴湖则曰：“舞衫歌扇，仪态万方，弹指繁华，总随逝水。鸳鸯社散之日，茫茫回首，旧事皆空，亦与三女子裸露草间，同一梦醒耳。岂但海市蜃楼，为顷刻幻景哉！”

【注释】

①遗秉、滞穗：在收割时故意留下成把的穗，以接济拾穗的寡妇。②芃芃（péng）：草木茂盛的样子。

乌鲁木齐参将[1]德君楞额言：向在甘州，见互控于张掖令者。甲云造言污蔑，乙云事有实证。讯其事，则二人本中表，甲携妻出塞，乙亦同行。至甘州东数十里，夜失道。遇一人似贵家仆，言此僻径少人，我主人去此不远，不如投止一宿，明日指路上官道。随行三四里，果有小堡。其人入，良久出，招手曰：“官唤汝等入。”进门数重，见一人坐堂上，问姓名籍贯，指挥曰：“夜深无宿饭，只可留宿。门侧小屋，可容二人；女子令与媪婢睡可也。”二人就寝后，似隐隐闻妇唤声。暗中出视，摸索不得门。唤声亦寂，误以为耳偶鸣也。比睡醒，则在旷野中。急觅妇，则在半里外树下，裸体反接，鬓乱钗横，衣裳挂在高枝上。言一婢持灯导至此，有华屋数楹，婢媪数人。俄主人随至，逼同坐。拒不肯，则婢媪合手抱持，解衣缚臂置榻上。大呼无应者，遂受其污。天欲明，主人以二物置颈旁，屋宇顿失，身已卧沙石上矣。视颈旁物，乃银二铤，各镌重五十两，其年号则崇祯，其县名则榆次。土蚀黑黯，真百年以外铸也。甲戒乙勿言，约均分。后违约，乙怒诟争，其事乃泄。甲夫妇虽坚不承，然诘银所自，则云拾得；又诘妇缚伤，则云搔破。其词闪烁，疑乙语未必诬也。令笑遣甲曰：“于律得遗失物当入官。姑念尔贫，可将去。”又瞋视乙曰：“尔所告如虚，则同拾得，当同送官，于尔无分；所告如实，则此为鬼以酬甲妇，于尔更无分。再多言，且笞尔。”并驱之出。以不理理之，可谓善矣。

此与拾麦妇女事相类：一以巧诱而以财移其心，一以强胁而以财消其怒；其揣度人情，投其所好，伎俩亦略相等也。

【注释】

①参将：清代绿营统兵官，正三品武官，位次于“副将”。

慎人又言：一日，庭花盛开，闻婢妪惊相呼唤。推窗视之，竟以手指桂树杪。乃一蛱蝶[1]大如掌，背上坐一红衫女子，大如拇指，翩翩翔舞。斯须过墙去，邻家儿女又惊相呼唤矣。此不知为何怪，殆所谓花月之妖欤？说此事时，在刘景南家。景南曰："安知非闺阁游戏，以蓪草花[2]朵中人物，缚于蝶背而纵之耶？"是亦一说。慎人曰："实见小人在蝶背，有磬控驾驭之状，俯仰顾盼，意态生动，殊不类偶人也。"是又不可知矣。

【注释】

①蛱（jiá）蝶：一种有黑色纹饰的蝴蝶。 ②蓪（tōng）草花：小乔木，树皮可造纸，采髓作薄片，可制花饰。

先祖光禄公，康熙中于崔庄设质库，司事者沈玉伯也。尝有提傀儡[1]者，质木偶二箱，高皆尺馀，制作颇精巧。逾期未赎，又无可转售，遂为弃物，久置废屋中。一夕月明，玉伯见木偶跳舞院中，作演剧之状。听之，亦咿嘤似度曲，玉伯故有胆，厉声叱之，一时迸散。次日，举火焚之，了无他异。盖物久为妖，焚之则精气烁散，不复能聚。或有所凭亦为妖，焚之则失所依附，亦不能灵。固物理之自然耳。

【注释】

①傀儡（kuǐ lěi）：木偶。

献县一令，待吏役至有恩。殁后，眷属尚在署，吏役无一存问者。强呼数人至，皆狰狞相向，非复曩[1]时。夫人愤恚，恸哭柩前，倦而假寐。恍惚见令语曰："此辈无良，是其本分。吾望其感德已大误，汝责其负德，不又误乎？"霍然忽醒，遂无复怨尤。

【注释】

①曩（nǎng）时：以前。

吴僧慧贞言：有浙僧立志精进，誓愿坚苦，胁未尝至席。一夜，有艳女窥户。心知魔至，如不见闻。女蛊惑万状，终不能近禅榻。后夜夜必至，亦终不能使起一念。女技穷，遥语曰："师定力如斯，我固宜断绝妄想。虽然，师忉利天中人也，知近我则必败道，故畏我如虎狼。即努力得到非非想天，亦不过柔肌着体，如抱冰雪；媚姿到眼，如见尘壒[1]，不能离乎色相也。如心到四禅天，则花自照镜，镜不知花；月自映水，水不知月，乃离色相矣。再到诸菩萨天，则花亦无花，镜亦无镜，月亦无月，水亦无水，乃无色无相，无离不离，为自在神通，不可思议。师如敢容我一近，而真空不染，则摩登伽一意皈依，不复再扰阿难矣。"僧自揣道力足以胜魔，坦然许之。偎倚抚摩，竟毁戒体。懊丧失志，侘傺[②]以终。

夫“磨而不磷，涅而不缁[③]”，惟圣人能之，大贤以下弗能也。此僧中于一激，遂开门揖盗。天下自恃可为，遂为人所不敢为，卒至溃败决裂者，皆此僧也哉！

【注释】

①尘壒（ài）：尘埃。②侘傺（chà chì）：因失意而精神恍惚的样子。③涅而不缁（zī）：用黑色染物，也不会变成黑色。

沧州李媪，余乳母也。其子曰柱儿，言昔往海上放青时，（海滨空旷之地，茂草丛生。土人驱牛马往牧，谓之放青。）有灶丁夜方寝，（海上煮盐之户，谓之灶丁。）闻室内窸窣有声。时月明穿牖，谛视无人，以为虫鼠类也。俄闻人语嘈杂，自远而至。有人连呼曰：“窜入此屋矣。”疑讶间已到窗外，扣窗问曰：“某在此乎？”室内泣应曰“在。”又问：“留汝乎？”泣应曰：“留。”又问：“汝同床乎？别宿乎？”泣良久，乃应曰：“不同床谁肯留也！”窗外顿足曰：“败矣。”忽一妇大笑曰：“我度其出投他所，人必不相饶。汝以为未必，今竟何如？尚有面目携归乎？”此语之后，惟闻索索人行声，不闻再语。既而妇又大笑曰：“此尚不决，汝为何物乎？”扣窗呼灶丁曰：“我家逃婢投汝家，既已留宿，义无归理。此非尔协诱，老奴无词以仇汝；即或仇汝，有我在，老奴无能为也。尔等且寝，我去矣。”穴纸私窥，阒然无影；回顾枕畔，则一艳女横陈。且喜且骇，问所自来。言：“身本狐女，为此家狐买作妾。大妇妒甚，日日加箠楚。度不可住，逃出求生。所以不先告君者，虑恐怖不留，必为所执，故跧[①]伏床角，俟其追至，始冒死言已失身，冀或相舍。今幸得脱，愿生死随君。”灶丁虑无故得妻，或为人物色，致有他虞。女言：“能自隐形，不为人见，顷缩身为数寸，君顿忘耶！”遂留为夫妇，亲操井臼，不异贫家，灶丁竟以小康。

柱儿于灶丁为外兄，故知其审。李媪说此事时，云女尚在。今四十馀年，不知如何矣。此婢遭逢患难，不辞诡语以自污，可谓铤而走险。然既已自污，则其夫留之为无理，其嫡去之为有词，此冒险之计，实亦决胜之计也，婢亦黠矣哉。惟其夫初既不顾其后，后又不为之所，使此婢援绝路穷，至一决而横溃，又何如度德量力，早省此一举欤！

【注释】

①跧：同“蜷”。

虞倚帆待诏言：有选人张某，携一妻一婢至京师，僦居[①]海丰寺街。岁馀，妻病殁。又岁馀，婢亦暴卒。方治槥[②]，忽似有呼吸，既而目睛转动，已复苏。呼选人执手泣曰："一别年馀，不意又相见。"选人骇愕，则曰："君勿疑谵语，我是君妇，借婢尸再生也。此婢虽侍君巾栉，恒郁郁不欲居我下。商于妖尼，以术魇我，我遂发病死。魂为术者收瓶中，镇以符咒，埋尼庵墙下。局促昏暗，苦状难言。会尼庵墙圮，掘地重筑，圬者劚[③]土破瓶，我乃得出。茫茫昧昧，莫知所往，伽蓝神指我诉城隍。而行魇法者皆有邪神为城社，辗转撑拄，狱不能成。达于东岳，乃捕逮术者，鞫治[④]得状，拘婢付泥犁。我寿未尽，尸已久朽，故判借婢尸再生也。"阖家悲喜，仍以主母事之。而所指作魇之尼，则谓选人欲以婢为妻，故诈死片时，造作斯语。不顾陷人于重辟，汹汹欲讦讼。事无实证，惧干妖妄罪，遂讳不敢言。然倚帆尝私叩其僮仆，具道妇再生后，述旧事无纤毫差；其语音行步，亦与妇无纤毫异。又婢拙女红，而妇善刺绣，有旧所制履未竟，补成其半，宛然一手，则似非伪托矣。此雍正末年事也。

【注释】

①僦（jiù）居：租房子住。 ②槥（huì）：小棺材。 ③劚（zhú）：挖。 ④鞫（jū）治：审问定罪。

蘅洲言：其乡某甲甚朴愿，一生无妄为。一日昼寝，梦数役持牒摄之去。至一公署，则冥王坐堂上，鞫以谋财杀某乙。某乙至，亦执甚坚。盖某乙自外索逋归，天未曙，趁凉早发。遇数人，见腰缠累然，共击杀之，携赀遁，弃尸岸旁。某甲适棹舴艋过，见尸大骇，视之，识为某乙，尚微有气。因属邻里，抱置舟上，欲送之归。某乙垂绝，忽稍苏，张目见某甲，以为众夺财去，某甲独载尸弃诸江也。故魂至冥司，独讼某甲。冥王检籍，云盗为某某，非某甲。某乙以亲见固争。冥吏又以冥籍无误理，与某乙固争。冥王曰："冥籍无误，论其常也。然安知千百万年不误者，不偶此一误乎？我断之不如人质之也，吏言之不如囚证之也。"故拘某甲。某甲具述载送意。照以业镜，如所言。某乙乃悟。某甲初窃怪误拘，冥王告以故，某甲亦悟。遂别治某乙狱，而送某甲归。夫折狱之明决，至冥司止矣；案牍之详确，至冥司亦止矣。而冥王若是不自信也，又若是不惮烦也，斯冥王所以为冥王欤！

霍养仲言：雍正初，东光有农家，粗具中人产。一夕，有劫盗，不甚搜财物，惟就衾中曳其女，掖入后圃，仰缚曲项老树上，盖其意本不在劫也。女哭詈。客作高斗，睡圃中，闻之跃起，挺刃出与斗。盗尽披靡，女以免。女恚愤泣涕，不语不食。父母宽譬终不解，穷诘再三，始出一语曰："我身裸露，可令高斗见乎？"父母喻意，竟以妻斗。此与楚钟建事[1]适相类。然斗始愿不及此，徒以其父病，主为医药。及死为棺敛，葬以隙地，而招其母司炊煮，故感激出死力耳。罗大经《鹤林玉露》载咏朱亥诗曰："高论唐虞儒者事，负君卖友岂胜言。凭君莫笑金椎陋，却是屠沽解报恩。"至哉言乎！

【注释】

①楚钟建事：吴国军队逼近楚都郢，楚昭王带妹妹季芈逃出，由侍卫钟建背着，后来昭王回到郢都，决定让季芈出嫁，季芈说："身为女子，当要远离男子，但钟建曾背过我。"于是昭王便将她嫁给钟建为妻，并任命钟建为乐尹。

卷十六　姑妄听之二

天下事，情理而已，然情理有时而互妨。里有姑虐其养媳者，惨酷无人理，遁归母家。母怜而匿别所，诡言未见，因涉讼。姑以朱老与比邻，当见其来往，引为证。朱私念言女已归，则驱人就死；言女未归，则助人离婚。疑不能决，乞签于神。举筒屡摇，签不出。奋力再摇，签乃全出。是神亦不能决也。辛彤甫先生闻之曰："神殊愦愦[1]！十岁幼女，而日日加炮烙，恩义绝矣。听其逃死不为过。"

【注释】

①愦愦（kuì kuì）：烦乱，纷乱。

余十一二岁时，闻从叔灿若公言：里有齐某者，以罪戍黑龙江，殁数年矣。其子稍长，欲归其骨，而贫不能往，恒蹙然如抱深忧。一日，偶得豆数升，乃屑以为末，水抟成丸；衣以赭土，诈为卖药者以往，姑以给取数文钱供口食耳。乃沿途买其药者，虽危症亦立愈。转相告语，颇得善价，竟借是达戍所，得父骨，以箧负归。归途于窝集[1]遇三盗，急弃其资斧，负箧奔。盗追及，开箧见骨，怪问其故。涕泣陈述。共悯而释之，转赠以金。方拜谢间，一盗忽擗踊[2]大恸曰："此人孱弱如是，尚数千里外求父骨。我堂堂丈夫，自命豪杰，顾及不能耶？诸君好住，吾今往肃州

高论唐虞儒者事，负君卖友岂胜言。
凭君莫笑金椎陋，却是屠沽解报恩。

矣。”语讫，挥手西行。其徒呼使别妻子，终不反顾，盖所感者深矣。惜人往风微，无传于世。余作《滦阳消夏录》诸书，亦竟忘之。癸丑[3]三月三日，宿海淀直庐，偶然忆及，因录以补志乘之遗。倘亦潜德未彰，幽灵不泯，有以默启余衷乎！

【注释】

①窝集：吉林、黑龙江一带的原始森林。②擗（pǐ）踊：极度悲伤的样子。③癸丑：乾隆五十八年，即1793年。

文水[1]李秀升言：其乡有少年山行，遇少妇独骑一驴。红裙蓝帔，貌颇娴雅，屡以目侧睨。少年故谨厚，虑或招嫌，恒在其后数十步，俯首未尝一视。至林谷深处，妇忽按辔不行，待其追及，语之曰：“君秉心端正，大不易得，我不欲害君。此非往某处路，君误随行。可于某树下绕向某方，斜行三四里即得路矣。”语讫，自驴背一跃，直上木杪[2]，其身渐渐长丈馀。俄风起叶飞，瞥然已逝。再视其驴，乃一狐也。少年悸几失魂。殆飞天野叉之类欤？使稍与狎昵，不知作何变怪矣。

【注释】

①文水：地名，在今山西吕梁境内。②木杪：树梢。

侍鹭川（侍氏未详所出，疑本侍其氏，明洪武中，凡复姓皆令去一字，因为侍氏也。）言：有贾于淮上者，偶行曲巷，见一女姿色明艳，殆类天人。私访其近邻，曰：“新来未匝月，只老母携婢数人同居，未知为何许人也。”贾因赂媒媪觇之。其母言：“杭州金姓，同一子一女往依其婿。不幸子遘疾，卒于舟；二仆又乘隙窃赀逃。茕茕孤嫠，惧遭强暴，不得已税屋权住此，待亲属来迎。尚未知其肯来否？”语讫，泣下。媒舔[1]以既无所归，又无地主，将来作何究竟，有女如是，何不于此地求佳婿，暮年亦有所依。母言：“甚善，我亦不求多聘币。但弱女娇养久，亦不欲草草。有能制衣饰奁具约值千金者，我即许之。所办仍是渠家物，我惟至彼一阅视，不取纤芥归也。”媒以告贾，贾私计良得。旬日内，趣办金珠锦绣，殚极华美；一切器用，亦事事精好。先亲迎一日，邀母来观，意甚惬足。次日，箫鼓至门，乃坚闭不启。候至数刻，呼亦不应。询问邻舍，又未见其移居。不得已逾墙入视，则阒无一人。遍索诸室，惟破床堆髑髅数具，乃知其非人。回视家中，一物不失，然无所用之，重鬻仅能得半价。懊丧不出者数月，竟莫测此魅何所取。或曰：“魅本无意惑贾，贾妄生窥伺，反往觇魅，魅故因而戏弄之。”是于理当然。或又曰：“贾富而悭[2]，心计可以析秋毫，犯鬼神之忌，故魅以美色颠倒之。”是亦理所宜有也。

【注释】

①舔：此为劝说之义。 ②悭：吝啬。

同年陈半江言：有道士善符箓，驱鬼缚魅，具有灵应。所至惟蔬食茗饮而已，不受铢金寸帛也。久而术渐不验，十每失四五。后竟为群魅所遮，大见窘辱，狼狈遁走。诉于其师。师至，登坛召将，执群魅鞫状。乃知道士虽不取一物，而其徒往往索人财，及为行法；又窃其符箓，摄狐女媟狎。狐女因窃污其法器，故神怒不降，而仇之者得以逞也。师拊髀叹曰：“此非魅败尔，尔徒之败尔也；亦非尔徒之败尔，尔不察尔徒，适以自败也。赖尔持戒清苦，得免幸矣；于魅乎何尤！”拂衣竟去。夫天君[1]泰然，百体从令，此儒者之常谈也。然奸黠之徒，岂能以主人廉介，遂辍贪谋哉！半江此言，盖其官直隶时，与某令相遇于余家，微以相讽。此令不悟，故清风两袖，而卒被恶声，其可惜也已。

【注释】

①天君：古人称“心”为天君。

里有少年，无故自掘其妻墓，几见棺矣。时耕者满野，见其且詈且掘，疑为颠痫，群起阻之。诘其故，坚不肯吐；然为众手所牵制，不能复掘，荷锸[1]恨恨去。皆莫测其所以然也。越日，一牧者忽至墓下，发狂自挝曰：“汝播弄是非，间人骨肉多矣。今乃诬及黄泉耶？吾得请于神，不汝贷也。”因缕陈始末，自啮其舌死。盖少年恃其刚悍，顾盼自雄，视乡党如无物。牧者惎[2]焉，因为造谤曰：“或谓某帷薄不修，吾固未信也。昨偶夜行，过其妻墓，闻林中呜呜有声，惧不敢前，伏草间窃视。月明之下，见七八黑影，至墓前与其妻杂坐调谑，媟声艳语，一一分明。人言其殆不诬耶？”有闻之者，以告少年。少年为其所中，遽有是举。方窃幸得计，不虞鬼之有灵也。小人狙诈，自及也宜哉。然亦少年意气凭陵，乃招是忌。故曰：“君子不欲多上人。”

【注释】

①锸（chā）：铁锹。 ②惎（jì）：怨恨。

周密庵言：其族有孀妇，抚一子，十五六矣。偶见老父携幼女，饥寒困惫，踣不能行，言愿与人为养媳。女故端丽，孀妇以千钱聘之。手书婚帖，留一宿而去。女虽孱弱，而善操作，井臼皆能任；又工针黹[1]，家借以小康。事姑先意承志，无所不至。饮食起居，皆经营周至，一夜往往三四起。遇疾病，日侍榻旁，经旬月目不交睫。姑爱之乃过于子。姑病卒，出数十金与其夫使治棺衾。夫诘所自来，女低回良久，曰："实告君，我狐之避雷劫者也。凡狐遇雷劫，惟德重禄重者庇之可免。然猝不易逢，逢之又皆为鬼神所呵护，猝不能近。此外惟早修善业，亦可以免。然善业不易修，修小善业亦不足度大劫。因化身为君妇，黾勉[2]事姑。今借姑之庇，得免天刑，故厚营葬礼以申报，君何疑焉！"子故孱弱，闻之惊怖，竟不敢同居，女乃泣涕别去。后遇祭扫之期，其姑墓上必先有焚楮酹酒迹，疑亦女所为也。是特巧于逭[3]死，非真有爱于其姑。然有为为之，犹邀神福，信孝为德之至矣。

【注释】

①针黹（zhǐ）：缝纫、刺绣等针线活。 ②黾勉：勤勉。 ③逭（huàn）：逃避。

闻有村女，年十三四，为狐所媚。每夜同寝处，笑语媟狎，宛如伉俪。然女不狂惑，亦不疾病，饮食起居如常人，女甚安之。狐恒给钱米布帛，足一家之用。又为女制簪珥衣裳，及衾枕茵褥之类，所值逾数百金。女父亦甚安之。如是岁馀，狐忽呼女父语曰："我将还山，汝女奁具亦略备，可急为觅一佳婿，吾不再来矣。汝女犹完璧，无疑我始乱终弃也。"女故无母，倩邻妇验之，果然。此余乡近年事，婢媪辈言之凿凿，竟与乖崖还婢[1]其事略同。狐之媚人，从未闻有如是者。其亦夙缘应了，夙债应偿耶？

【注释】

①乖崖还婢：宋代名臣张咏，自号乖崖，他出钱买了个婢女，离任时叫婢女的父母领回，还出钱资助婢女嫁人。

杨雨亭言：登莱间有木工，其子年十四五，甚姣丽。课之读书，亦颇慧。一日，自乡塾独归，遇道士对之诵咒，即惘惘不自主，随之俱行。至山坳一草庵，四无居人，道士引入室，复相对诵咒。心顿明了，然口噤不能声，四肢缓弹[1]不能举。又诵咒，衣皆自脱。道士掖伏榻上，抚摩偎倚，调以媟词，方露体近之，忽蹶起却坐曰："修道二百馀年，乃为此狡童败乎？"沉思良久，复偃卧其侧，周身玩视，慨然曰："如此佳儿，千载难遇。纵败吾道，不过再炼气二百年，亦何足惜！"奋身相逼，势已万万无免理。间不容发之际，又掉头自语曰："二百年辛苦，亦大不易。"掣身下榻，立若木鸡；俄绕屋旋行如转磨。突抽壁上短剑，自刺其臂，血如涌泉。欹倚呻吟，约一食顷，掷剑呼此子曰："尔几败，吾亦几败，今幸俱免矣。"更对之诵咒。此子觉如解束缚，急起披衣。道士引出门外，指以归路。口吐火焰，自焚草庵，转瞬已失所在，不知其为妖为仙也。

余谓妖魅纵淫，断无顾虑。此殆谷饮岩栖[2]，多年胎息，偶差一念，魔障遂生；幸道力原深，故忽迷忽悟，能勒马悬崖耳。老子称不见可欲，使心不乱；若已见已乱，则非大智慧不能猛省，非大神通不能痛割。此道士于欲海横流，势不能遏，竟毅然一决，以楚毒断绝爱根，可谓地狱劫中证天堂果矣。其转念可师，其前事可勿论也。

【注释】

①亸（duǒ）：下垂。 ②谷饮岩栖：饮谷水，居山岩，比喻隐居。

李漱六言：有佃户所居枕旷野。一夕，闻兵仗格斗声，阖家惊骇[1]。登墙视之，无所睹。而战声如故，至鸡鸣乃息。知为鬼也。次日复然，病其聒不已，共谋伏铳击之，果应声啾啾奔散。既而屋上屋下，众声合噪曰："彼劫我妇女，我亦劫彼妇女为质，互控于社公。社公愦愦，劝以互抵息事。俱不肯伏，故在此决胜负，何预汝事？汝以铳击我，今共至汝家，汝举铳则我去，汝置铳则我又来，汝能夜夜自昏至晓，发铳不止耶？"思其言中理，乃跪拜谢过，大具酒食纸钱送之去。然战声亦自此息矣。

夫不能不为之事，不出任之，是失几[2]也；不能不除之害，不力争之，是养痈也。鬼不干人，人反干鬼，鬼有词矣，非开门揖盗乎！孟子有言，乡邻有斗者，被发缨冠而往救之，则惑也。虽闭户可也。

【注释】

①惊骇：惊慌。 ②失几：错过时机。

莆田林生霈言：闻泉州有人，忽灯下自顾其影，觉不类己形。谛审之，运动转侧，虽一一与形相应，而首巨如斗，发蓬鬙[1]如羽葆[2]，手足皆钩曲如鸟爪，宛然一奇鬼也。大骇，呼妻子来视，所见亦同。自是每夕皆然，莫喻其故，惶怖不知所为。邻有塾师闻之，曰："妖不自兴，因人而兴。子其阴有恶念，致罗刹感而现形欤？"其人悚然具服，曰："实与某氏有积仇，拟手刃其一门，使无遗种，而跳身以从鸭母。（康熙末，台湾逆寇朱一贵结党煽乱。一贵以养鸭为业，闽人皆呼为鸭母云。）今变怪如是，毋乃神果警我乎？且辍是谋，观子言验否。”是夕鬼影即不见。此真一念转移，立分祸福矣。

【注释】

①蓬鬙（sēng）：头发蓬松散乱的样子。②羽葆：古代一种葬礼仪仗。

丁御史芷谿言：曩在天津，遇上元，有少年观灯夜归，遇少妇甚妍丽，徘徊歧路，若有所待，衣香鬐影，楚楚动人。初以为失侣之游女，挑与语，不答；问姓氏里居，亦不答。乃疑为幽期密约迟所欢而未至者，计可以挟制留也，邀至家少憩。坚不肯。强迫之同归。柏酒粉团，时犹未彻[①]，遂使杂坐妻妹间，联袂共饮。初甚腼腆，既而渐相调谑，媚态横生，与其妻妹互劝酬。少年狂喜，稍露留宿之意，则微笑曰：“缘蒙不弃，故暂借君家一卸妆。恐火伴相待，不能久住。”起解衣饰卷束之，长揖径行，乃社会中拉花者也。（秋歌队中作女妆者，俗谓之拉花。）少年愤恚，追至门外，欲与斗。邻里聚问，有亲见其强邀者，不能责以夜入人家；有亲见其唱歌者，不能责以改妆戏妇女，竟哄笑而散。此真侮人反自侮矣。

【注释】

①彻：撤去。

嵩辅堂阁学言：海淀有贵家守墓者，偶见数犬逐一狐，毛血狼藉。意甚悯之，持杖击犬散，提狐置室中，俟其苏息，送至旷野，纵之去。越数日，夜有女子款扉[①]入，容华绝代。骇问所自来。再拜曰：“身是狐女，昨遘大难，蒙君再生，今来为君拂枕席。”守墓者度无恶意，因纳之。往来狎昵，两月馀，日渐瘵瘦，然爱之不疑也。一日，方共寝，闻窗外呼曰：“阿六贱婢！我养创甫愈，未即报恩，尔何得冒托我名，魅郎君使病？脱有不讳，族党中谓我负义，我何以自明？即知事出于尔，而郎君救我，我坐视其死，又何以自安？今偕姑姊来诛尔。”女子惊起欲遁，业有数女排闼入，捽击立毙。守墓者惑溺已久，痛惜恚忿，反斥此女无良，夺其所爱。此女反复自陈，终不见省，且拔刃跃起，欲为彼女报冤。此女乃痛哭越墙去。守墓者后为人言之，犹恨恨也。此所谓“忠而见谤，信而见疑”也欤！

【注释】

①款扉：敲门。

李秋崖言：一老儒家，有狐居其空仓中，三四十年未尝为祟。恒与人对语，亦颇知书；或邀之饮，亦肯出，但不见其形耳。老儒殁后，其子亦诸生，与狐酬酢[1]如其父。狐不甚答，久乃渐肆扰。生故设帐于家，而兼为人作讼牒。凡所批课文，皆不遗失；凡作讼牒，则甫具草辄碎裂，或从手中掣其笔。凡脩脯所入，毫厘不失；凡刀笔所得，虽扃锁严密，辄盗去。凡学子出入，皆无所见；凡讼者至，或瓦石击头面流血，或檐际作人语，对众发其阴谋。生苦之，延道士劾治。登坛召将，摄狐至。狐侃侃辩曰："其父不以异类视我，与我交至厚。我亦不以异类自外，视其父如弟兄。今其子自堕家声，作种种恶业，不陨身不止。我不忍坐视，故挠之使改图；所攫金皆埋其父墓中，将待其倾覆，周其妻子，实无他肠。不虞炼师之见谴，生死惟命。"道士蹶然下座，三揖而握其手曰："使我亡友有此子，吾不能也；微我不能，恐能者千百无一二。此举乃出尔曹乎！"不别主人，太息径去。其子愧不自容，誓辍是业，竟得考终。

【注释】

①酬酢（zuò）：宾主互相敬酒，泛指交际应酬。

卷十七　姑妄听之三

族侄竹汀言：文安有佣工古北口外者，久无音问。其父母值岁荒，亦就食口外，且觅子，亦久无音问。后乃有人见之泰山下。言昔至密云东北，日已暮，风雪并作。遥见山谷有灯光，漫往投止。至则土屋数楹，围以秫篱，有老妪应门，问其里贯，入以告。又遣问姓名年岁，并问："曾有子出口否？子何名？年几何岁？"具以实对。忽有女子整衣出，延入上坐，拜而侍立；促老妪督婢治酒肴，意甚亲昵。莫测其由，起而固诘。则失声伏地曰："儿不敢欺翁姑。儿狐女也，尝与翁姑之子为夫妇。本出相悦，无相媚意。不虞其爱恋过度，竟以瘵亡。心恒愧悔，故誓不别适，依其墓以居。今无意与翁姑遇，幸勿他往，儿尚能养翁姑。"初甚骇怖，既而见其意真切，相持涕泣，留共居。狐女奉事无不至，转胜于有子。如是六七年，狐女忽遣老妪市一棺，且具锸畚。怪问其故，欣然曰："翁姑宜贺儿。儿奉事翁姑，自追念逝者，聊尽寸心耳，不期感动土神，闻于岳帝。岳帝悯之，许不待丹成，解形证果。今以遗蜕合窆，表同穴意也。"引至侧室，果一黑狐卧榻上，毛光如漆；举之轻如叶，扣之乃作金石声。信其真仙矣。葬事毕，又启曰："今隶碧霞元君为女官，当往泰山。请共往。"

天上无不忠不孝之神仙，斯言谅哉。

故相偕至此，僦屋与土人杂居。狐女惟不使人见形，其供养仍如初也。后不知其所终。此与前所记狐女略相近，然彼有所为而为，故仅得逭诛[1]；此无所为而为，故竟能成道。天上无不忠不孝之神仙，斯言谅哉。

【注释】

①逭诛：逃避诛杀。

司爨王媪（即见醉钟馗者。）言：有樵者伐木山冈，力倦小憩。遥见一人持衣数袭，沿路弃之，不省其何故。谛视之，履险阻如坦途，其行甚速，非人可及；貌亦惨淡不似人，疑为妖魅。登高树瞰之，人已不见。由其弃衣之路，宛转至山坳，则一虎伏焉。知人为伥鬼，衣所食者之遗也。急弃柴自冈后遁。次日，闻某村某甲于是地死于虎矣。路非人径所必经，知其以衣为饵，导之至是也。物莫灵于人，人恒以饵取物。今物乃以饵取人，岂人弗灵哉！利汩其灵[1]，故智出物下耳。然是事一传，猎者因循衣所在，得虎窟，合铳群击，殪其三焉。则虎又以智败矣。辗转倚伏，机械又安有穷欤？或又曰：“虎至悍而至愚，心计万万不到此。闻伥役于虎，必得代乃转生。是殆伥诱人自代，因引人捕虎报冤也。”伥者人所化，揆诸人事，固亦有之。又惜虎知伥助己，不知即伥害己矣。

【注释】

①利汩其灵：利欲扰乱他的心智。

又，舅氏安公五占，居县东留福庄。其邻家二犬，一夕吠甚急。邻妇出视无一人，惟闻屋上语曰：“汝家犬太恶，我不敢下。有逃婢匿汝家灶内，烦以烟薰之，当自出。”妇大骇，入视灶内，果嘤嘤有泣声。问是何物，何以至此。灶内小语曰：“我名绿云，狐家婢也。不胜鞭箠，逃匿于此，冀少缓须臾死，惟娘子哀之。”妇故长斋礼佛，意颇怜悯，向屋仰语曰：“渠畏怖不出，我亦实不忍火攻。苟无大罪，乞仙家舍之。（里俗呼狐曰仙家。）”屋上应曰：“我二千钱新买得，那能即舍？”妇曰：“二千钱赎之，可乎？”良久，乃应曰：“是或尚可。”妇以钱掷于屋上，遂不闻声。妇扣灶呼曰：“绿云可出，我已赎得汝，汝主去矣。”灶内应曰：“感活命恩，今便随娘子驱使。”妇曰：“人那可蓄狐婢，汝且自去；恐惊骇小儿女，亦慎勿露形。”果似有黑物瞥然[1]逝。后每逢元旦，辄闻窗外呼曰：“绿云叩头。”

【注释】

①瞥然：忽然，迅速地。

康熙癸巳[①]秋，宋村厂佃户周甲，不胜其妇之箠楚，夜伺妇寝，逃匿破庙，将待晓，介邻里乞怜。妇觉之，追迹至庙，对神像数其罪，叱使伏受鞭。庙故有狐。鞭甫十馀，方哀呼，群狐合噪而出，曰："世乃有此不平事！"齐夺甲置墙隅，执其妇，褫无寸缕，即以其鞭鞭之，至流血未释。突狐妇又合噪而出，曰："男子但解护男子。渠背妻私昵某家女，不应死耶？"亦夺其妇置墙隅，而相率执甲。群狐格斗争救，喧哄良久。守田者疑为劫盗，大呼鸣铳为声援，狐乃各散。妇已委顿，甲蹒跚[②]负以归。王德庵先生时设帐于是，见妇在途中犹喃喃骂也。

先生尝曰："快哉诸狐！可谓礼失而求野。狐妇乃恶伤其类，又别执一理，操同室之戈。盖门户分而朋党起，朋党盛而公论淆，轇轕[③]纷纭，是非蜂起，其相轧也久矣。"

【注释】

①康熙癸巳：康熙五十二年，即1713年。②蹒跚：跌跌撞撞的样子。③轇轕（jiāo gé）：杂乱交错。

张铉耳先生家，一夕觅一婢不见，意其逋逃。次日，乃醉卧宅后积薪下。空房锁闭，不知其何从入也。沃发渍面，至午乃苏。言昨晚闻后院嬉笑声，稔知狐魅，习惯不惧，窃从门隙窥之。见酒炙罗列，数少年方聚饮。俄为所觉，遽跃起拥我逾墙入。恍惚间如睡如梦，噤不能言，遂被逼入坐。陈酿醇酞，加以苛罚，遂至沉酣，不记几时眠，亦不知其几时去也。

铉耳先生素刚正，自往数之曰："相处多年，除日日取柴外，两无干犯。何突然越礼，以良家婢子作娼女侑觞？子弟猖狂，父兄安在？为家长者宁不愧乎？"至夜半，窗外语曰："儿辈冶荡，业已笞之。然其间有一线乞原者：此婢先探手入门，作谑词乞肉，非出强牵。且其月下花前，采兰赠芍，阅人非一，碎璧多年，故儿辈敢通款曲。不然，则某婢某婢色岂不佳，何终不敢犯乎？防范之疏，仆与先生似当两分其过，惟俯察之。"先生曰："君既笞儿，此婢吾亦当痛笞。"狐哂曰："过摽梅之年[①]，而不为之择配偶，郁而横决，罪岂独在此婢乎？"先生默然。次日，呼媒媪至，凡年长数婢尽嫁之。

【注释】

①摽（biào）梅之年：梅子成熟后落下来，比喻女子已到了出嫁的年龄。

狐魅，人之所畏也，而有罗生者，读小说杂记，稔闻狐女之姣丽，恨不一遇。近郊古冢，人云有狐，又云时或有人与狎昵。乃诣其窟穴，具贽币牲醴，投书求婚姻，且云或香闺娇女，并已乘龙，或鄙弃樗材[①]，不堪倚玉，则乞赐一艳婢，用充贵媵，衔感亦均。再拜置之而返，数日寂然。

一夕，独坐凝思，忽有好女出灯下，嫣然笑曰："主人感君盛意，卜今吉日，遣小婢三秀来充下陈，幸见收录。"因叩谒如礼，凝眸侧立，妖媚横生。生大欣慰，即于是夜定情。自以为彩鸾甲帐，不是过也。婢善隐形，人不能见；虽远行别宿，亦复相随，益惬生所愿。惟性饕餮，家中食物，多被窃；食物不足，则盗衣裳器具，鬻钱以买，亦不知谁为料理，意有徒党同来也。以是稍谯责之，然媚态柔情，摇魂动魄，低眉一盼，亦复回嗔。又冶荡殊常，蛊惑万状，卜夜卜昼[②]，靡有已时，尚嗛嗛不足。以是家为之凋，体亦为之敝。久而疲于奔命，怨詈时闻，渐起衅端，遂成仇隙。呼朋引类，妖祟大兴，日不聊生。

延正一真人劾治，婢现形抗辩曰："始缘祈请，本异私奔；继奉主命，不为苟合。手札具存，非无故为魅也。至于盗窃淫佚，狐之本性，振古如是，彼岂不知？既以耽色之故，舍人而求狐；乃又责狐以人理，毋乃悖欤？即以人理而论，图声色之娱者，不能惜蓄养之费。既充妾媵，即当仰食于主人；所给不敷，即不免私有所取，家庭之内，似此者多。较攘窃他人，终为有间。若夫闺房燕昵，何所不有？圣人制礼，亦不能立以程限；帝王定律，亦不能设以科条。在嫡配尚属常情，在姬侍尤其本分。录以为罪，窃有未甘。"真人曰："鸠众肆扰，又何理乎？"曰："嫁女与人，意图求取。不满所欲，聚党喧哄者，不知凡几，未闻有人科其罪，乃科罪于狐欤？"真人俯思良久，顾罗生笑曰："君所谓求仁得仁，亦复何怨。老夫耄矣，不能驱役鬼神，预人家儿女事。"后罗生家贫如洗，竟以瘵终。

【注释】

①樗（chū）材：无用之材，多为谦辞。 ②卜夜卜昼：夜以继日。

闽人有女未嫁卒，已葬矣。阅岁馀，有亲串见之别县。初疑貌相似，然声音体态，无相似至此者。出其不意，从后试呼其小名，女忽回顾。知不谬，又疑为鬼。归告其父母，开冢验视，果空棺。共往踪迹，初阳不相识，父母举其胸胁瘢痣，呼邻妇密视，乃俱伏。觅其夫，则已遁矣。盖闽中茉莉花根，以酒磨汁饮之，一寸可尸蹶[①]一日，服至六寸尚可苏，至七寸乃真死。女已有婿，而私与邻子狎，故磨此根使诈死，待其葬而发墓共逃也。婿家鸣官，捕得邻子，供词与女同。时吴林塘官闽县，亲鞫是狱。欲引开棺见尸律，则人实未死，事异图财；欲引药迷子女例，则女本同谋，情殊掠卖。无正条可以拟罪，乃仍以奸拐本律断。人情变幻，亦何所不有乎！

【注释】

①尸蹶：病名，突然昏倒不省人事，乍看似死。

张石粼先生，姚安公同年老友也。性伉直[①]，每面折人过。然慷慨尚义，视朋友之事如己事，劳与怨皆不避也。尝梦其亡友某公盛气相诘曰：“君两为县令，凡故人子孙零替者，无不收恤。独我子数千里相投，视如陌路，何也？”先生梦中怒且笑曰：“君忘之欤？夫所谓朋友，岂势利相攀援，酒食相征逐哉？为缓急可恃，而休戚相关也。我视君如弟兄，吾家奴结党以蠹我，其势蟠固，我无可如何。我尝密托君察某某，君目睹其奸状，而恐招嫌怨，讳不肯言。及某某贯盈自败，君又博忠厚之名，百端为之解脱。我事之偾[②]不偾，我财之给不给，君皆弗问，第求若辈感激，称长者而已。是非厚其所薄，薄其所厚乎？君先陌路视我，而怪我视君如陌路，君忘之欤？”其人瑟缩而去。此五十年前事也。

大抵士大夫之习气，类以不谈人过为君子，而不计其人之亲疏，事之利害。余尝见胡牧亭为群仆剥削，至衣食不给。同年朱学士竹君奋然代为驱逐，牧亭生计乃稍苏。又尝见陈裕斋殁后，孀妾孤儿，为其婿所凌逼。同年曹宗丞慕堂亦奋然鸠率旧好，代为驱逐，其子乃得以自存。一时清议，称古道者百不一二，称多事者十恒八九也。又尝见崔总宪应阶娶孙妇，赁彩轿亲迎。其家奴互相钩贯，非三百金不能得，众喙一音。至前期一两日，价更倍昂。崔公恚愤，自求朋友代赁。朋友皆避怨不肯应，甚有谓彩轿无定价，贫富贵贱，各随其人为消长，非他人所可代赁，以巧为调停者。不得已，以己所乘轿结彩缯用之。一时清议，谓坐视非理者亦百不一二，谓善体下情者亦十恒八九也。彼一是非，此一是非，将乌乎质之哉？

【注释】

①伉（gāng）直：刚直。 ②偾（fèn）：败坏，损坏。

从侄汝夔言：甲乙并以捕狐为业，所居相距十馀里。一日，伺得一冢有狐迹，拟共往，约日落后会于某所。乙至，甲已先在，同至冢侧，相其穴，可容人。甲令乙伏穴内，而自匿冢畔丛薄中；待狐归穴，甲御其出路，而乙在内禽絷之。乙暗坐至夜分，寂无音响，欲出与甲商进止。呼良久，不应；试出寻之，则二墓碑横压穴口，仅隙光一线，阔寸许，重不可举。乃知为甲所卖。次日，闻外有叱牛声，极力号叫。牧者始闻，报其家往视。鸠人[①]移石，已幽闭一昼夜矣。疑甲谋杀，率子弟诣甲，将执讼官。至半途，乃见甲裸体反缚柳树上。众围而唾詈，或鞭扑之。盖甲赴约时，路遇馌妇相调谑，因私狎于秫丛。时盛暑，各解衣置地。甫脱手，妇跃起掣其衣走，莫知所向。幸无人见，狼狈潜归。未至家，遇明火持械者，见之呼曰："奴在此。"则邻家少妇三四，睡于院中，忽见甲解衣就同卧；惊唤众起，已弃衣逾墙遁。方共里党追捕也。甲无以自白，惟呼天而已。乙述昨事，乃知皆为狐所卖。

然伺其穴而掩袭，此戕杀之仇也。戕杀之仇，以游戏报之：一闭使不出，而留隙使不死；一褫其衣使受缚无辩，而人觉即遁，使其罪亦不至死。犹可谓善留馀地矣。

【注释】

①鸠人：叫人，请人。

天下有极细之事，而皋陶亦不能断者。门人折生遇兰，健令也。官安定日，有两家争一坟山，讼四五十年，阅两世矣。其地广阔不盈亩，中有二冢，两家各以为祖茔。问邻证，则万山之中，裹粮挈水乃能至，四无居人。问契券，则皆称前明兵燹已不存。问地粮串票[①]，则两造具在，其词皆曰："此地万不足耕，无锱铢之利，而有地丁之额。所以百控不已者，徒以祖宗邱陇，不欲为他人占耳。"又皆曰："苟非先人之体魄，谁肯涉讼数十年，认他人为祖宗者。"或疑为谋占吉地，则又皆曰："秦陇素不讲此事，实无此心，亦彼此不疑有此心；且四周皆石，不能再容一棺，如得地之后，掘而别葬，是反授不得者以间。谁敢为之？"竟无以折服，又无均分理，无入官理，亦莫能判定。大抵每祭必斗，每斗必讼官。惟就斗论斗，更不问其所因矣。

后蔡西斋为甘肃藩司，闻之曰："此争祭非争产也，盍以理喻之。"曰："尔既自以为祖墓，应听尔祭。其来争祭者既愿以尔祖为祖，于尔祖无损，于尔亦无损也，听其享荐亦大佳，何必拒乎？"亦不得已之权词，然迄不知其遵否也。

【注释】

①串票：旧时缴纳钱粮的收据。

仁我又言：有盗劫一富室，攻楼门垂破。其党手炬露刃，迫胁家众曰："敢号呼者死！且大风，号呼亦不闻，死何益！"皆噤不出声。一灶婢年十五六，睡厨下，乃密持火种，黑暗中伏地蛇行，潜至后院，乘风纵火，焚其积柴。烟焰烛天，阖村惊起，数里内邻村亦救视。大众既集，火光下明如白昼，群盗格斗不能脱，竟骈首[1]就擒。主人深感此婢，欲留为子妇，其子亦首肯，曰："具此智略，必能作家，虽灶婢何害。"主人大喜，趣取衣饰，即是夜成礼，曰："迟则讲尊卑，论良贱，是非不一，恐有变局矣。"亦奇女子哉！

【注释】

①骈首：头靠着头，并排。

王青士言：有弟谋夺兄产者，招讼师至密室，篝灯筹画。讼师为设机布阱，一一周详，并反间内应之术，无不曲到。谋既定，讼师掀髯曰："令兄虽猛如虎豹，亦难出铁网矣。然何以酬我乎？"弟感谢曰："与君至交，情同骨肉，岂敢忘大德。"时两人对据一方儿。忽几下一人突出，绕室翘一足而跳舞。目光如炬，长毛毵毵如蓑衣，指讼师曰："先生斟酌：此君视先生如骨肉，先生其危乎？"且笑且舞，跃上屋檐而去。二人与侍侧童子并惊仆。家人觉声息有异，相呼入视，已昏不知人。灌治至夜半，童子先苏，具述所闻见。二人至晓乃能动。事机已泄，人言藉藉[1]，竟寝其谋，闭门不出者数月。

相传有狎一妓者，相爱甚。然欲为脱籍，则拒不从；许以别宅自居，礼数如嫡，拒益力。怪诘其故，喟然曰："君弃其结发而昵我，此岂可托终身者乎？"与此鬼之言，可云所见略同矣。

【注释】

①藉藉：纷乱的样子。

卷十八　姑妄听之四

马德重言：沧州城南，盗劫一富室，已破扉入，主人夫妇并被执，众莫敢谁何[1]。有妾居东厢，变服逃匿厨下，私语灶婢曰："主人在盗手，是不敢与斗。渠辈屋脊各有人，以防救应；然不能见檐下。汝扶后窗循檐出，密告诸仆：各乘马执械，四面伏三五里外。盗四更后必出。四更不出，则天晓不能归巢也。出必挟主人送。苟无人阻，则行一二里必释；不释恐见其去向也。俟其释主人，急负还而相率随其后，相去务在半里内。彼如返斗即奔还，彼止亦止，彼行又随行。再返斗仍奔，再止仍止，再行仍随行。如此数四，彼不返斗则随之，得其巢。彼返斗则既不得战，又不得遁，逮至天明，无一人得脱矣。"婢冒死出告，众以为中理，如其言，果并就擒。重赏灶婢。妾与嫡故不甚协，至是亦相睦。后问妾何以办此，泫然曰："吾故盗魁某甲女。父在时，尝言行劫所畏惟此法，然未见有用之者。今事急姑试，竟侥幸验也。"故曰，用兵者务得敌之情。又曰，以贼攻贼。

【注释】

①莫敢谁何：没有谁敢怎样。

张太守墨谷言：德、景间有富室，恒积谷而不积金，防劫盗也。康熙、雍正间，岁频歉，米价昂。闭廪不肯粜升谷，冀价再增。乡人病之，而无如何。有角妓号玉面狐者曰："是易与，第备钱以待可耳。"乃自诣其家曰："我为鸨母钱树，鸨母顾虐我。昨与勃谿[①]，约我以千金自赎。我亦厌倦风尘，愿得一忠厚长者托终身，念无如公者。公能捐千金，则终身执巾栉。闻公不喜积金，即钱二千贯亦足抵。昨有木商闻此事，已回天津取赀。计其到，当在半月外。我不愿随此庸奴。公能于十日内先定，则受德多矣。"张故惑此妓，闻之惊喜，急出谷贱售。廪已开，买者坌至，不能复闭，遂空其所积，米价大平。谷尽之日，妓遣谢富室曰："鸨母养我久，一时负气相诟，致有是议。今悔过挽留，义不可负心。所言姑俟诸异日。"富室原与私约，无媒无证，无一钱聘定，竟无如何也。此事李露园亦言之，当非虚谬。闻此妓年甫十六七，遽能办此，亦女侠哉！

【注释】

①勃谿：争吵。

丁药園言：有孝廉四十无子，买一妾，甚明慧。嫡不能相安，旦夕诟谇。越岁，生一子。益不能容，竟转鬻于远处。孝廉惘惘如有失。独宿书斋，夜分未寝，妾忽搴帷入。惊问："何来？"曰："逃归耳。"孝廉沉思曰："逃归虑来追捕，妒妇岂肯匿？且事已至此，归何所容？"妾笑曰：

“不欺君，我实狐也。前以人来，人有人理，不敢不忍诟；今以狐来，变幻无端，出入无迹，彼乌得而知之？”因嬿婉如初。

久而渐为僮婢泄，嫡大恚，多金募术士劾治。一术士檄将拘妾至，妾不服罪，攘臂与术士争曰：“无子纳妾，则纳为有理；生子遣妾，则遣为负心。无故见出，罪不在我。”术士曰：“既见出矣，岂可私归？”妾曰：“出母未嫁，与子未绝；出妇未嫁，于夫亦未绝。况鬻我者妒妇，非见出于夫。夫仍纳我，是未出也，何不可归？”术士怒曰：“尔本兽类，何敢据人理争？”妾曰：“人变兽心，阴律阳律皆有刑；兽变人心，反以为罪，法师据何宪典耶？”术士益怒曰：“吾持五雷法，知诛妖耳，不知其他。”妾大笑曰：“妖亦天地之一物，苟其无罪，天地未尝不并育。上帝所不诛，法师乃欲尽诛乎？”术士拍案曰：“媚惑男子，非尔罪耶？”妾曰：“我以礼纳，不得为媚惑；倘其媚惑，则摄精吸气，此生久槁矣。今在家两年，复归又五六年，康强无恙，所谓媚惑者安在？法师受妒妇多金，锻炼周内，以酷济贪耳，吾岂服耶！”问答之顷，术士顾所召神将，已失所在。无可如何，瞋目曰：“今不与尔争，明日会当召雷部。”

明日，嫡再促设坛，则宵遁矣。盖所持之法虽正，而法以贿行，故魅亦不畏，神将亦不满也。相传刘念台①先生官总宪时，题御史台一联曰：“无欲常教心似水，有言自觉气如霜。”可谓知本矣。

【注释】

①刘念台：即刘宗周，明代儒学大师。

王梅序言：交河有为盗诬引者，乡民朴愿①，无以自明，以赂求援于县吏。吏闻盗之诬引，由私调其妇，致为所殴，意其妇必美，却赂而微示以意曰：“此事秘密，须其妇潜身自来，乃可授方略。”居间者以告乡民。乡民惮死失志，呼妇母至狱，私语以故。母告妇，咈然不应也。越两三日，吏家有人夜扣门。启视，则一丐妇，布帕裹首，衣百结破衫，闯然入。问之不答，且行且解衫与帕，则鲜妆华服艳妇也。惊问所自，红潮晕颊，俯首无言，惟袖出片纸，就所持灯视之，“某人妻”三字而已。吏喜过望，引入内室，故问其来意。妇掩泪曰：“不喻君语，何以夜来？既已来此，不必问矣，惟祈毋失信耳。”吏发洪誓，遂相嬿婉。潜留数日，大为妇所蛊惑，神志颠倒，惟恐不得当妇意。妇暂辞去，言村中日日受侮，难于久住。如城中近君租数楹，便可托庇荫，免无赖凌藉，亦可朝夕相往来。吏益喜，竟百计白其冤。狱解之后，遇乡民，意甚索漠，以为狎昵其妇，愧相见也。后因事到乡，诣其家，亦拒不见。知其相绝，乃大恨。

会有挟妓诱博者讼于官，官断妓押归原籍。吏视之，乡民妇也，就与语。妇言苦为夫禁制，愧相负，相忆殊深。今幸相逢，乞念旧时数日欢，免杖免解。吏又惑之，因告官曰："妓所供乃母家籍，实县民某妻，宜究其夫。"盖觊怂恿官卖，自买之也。遣拘乡民，乡民携妻至，乃别一人。问邻里皆云不伪。问吏何以诬乡民，吏不能对，答曰风闻。问闻之何人，则噤无语。呼妓问之，妓乃言吏初欲挟污乡民妻，妻念从则失身，不从则夫死，值妓新来，乃尽脱簪珥，赂妓冒名往，故与吏狎识。今当受杖，适与相逢，因仍诳托乡民妻，冀脱箠楚。不虞其又有他谋，致两败也。官覆勘乡民，果被诬。姑念其计出救死，又出于其妻，释不究，而严惩此吏焉。

神奸巨蠹，莫吏若矣，而为村妇所笼络，如玩弄婴孩。盖愚者恒为智者败，而物极必反，亦往往于所备之外，有智出其上者，突起而胜之。无往不复，天之道也。使智者终不败，则天地间惟智者存，愚者断绝矣，有是理哉！

【注释】

①朴愿：憨厚。

瞽者刘君瑞言：一瞽者年三十馀，恒往来卫河旁，遇泊舟者，必问："此有殷桐乎？"又必申之曰："夏殷之殷，梧桐之桐也。"有与之同宿者，其梦中呓语，亦惟此二字。问其姓名，则旬日必一变，亦无深诘之者。如是十馀年，人多识之，或逢其欲问，辄呼曰："此无殷桐，别觅可也。"

一日，粮艘泊河干，瞽者问如初。一人挺身上岸曰："是尔耶，殷桐在此，尔何能为？"瞽者狂吼如虓虎，扑抱其颈，口啮其鼻，血淋漓满地。众前拆解，牢不可开，竟共堕河中，随流而没。后得尸于天妃宫前，（海口不受尸，凡河中求尸不得，至天妃宫前必浮出。）桐捶其左胁骨尽断，终不释手；十指抠桐肩背，深入寸馀；两颧两颊，啮肉几尽。迄不知其何仇，疑必父母之冤也。

夫以无目之人，侦有目之人，其不得决也；以孱弱①之人，搏强横之人，其不敌亦决也。如较伍胥之仇楚，其报更难矣。乃十馀年坚意不回，竟卒得而食其肉，岂非精诚之至，天地亦不能违乎？宋高宗之歌舞湖山，究未可以势弱解也。

【注释】

①孱弱：懦弱。

刘拟山家失金钏，掠问[1]小女奴，具承卖与打鼓者。（京师无赖游民，多妇女在家倚门，其夫白昼避出，担二荆筐，操短柄小鼓击之，收买杂物，谓之打鼓。凡僮婢幼孩窃出之物，多以贱价取之。盖虽不为盗，实盗之羽翼。然赃物细碎，所值不多，又踪迹诡秘，无可究诘，故王法亦不能禁也。）又掠问打鼓者衣服形状，求之不获。仍复掠问，忽承尘上微嗽曰："我居君家四十年，不肯一露形声，故不知有我。今则实不能忍矣。此钏非夫人检点杂物，误置漆奁中耶？"如言求之，果不谬，然小女奴已无完肤矣。拟山终身愧悔，恒自道之曰："时时不免有此事，安能处处有此狐！"故仕宦二十馀载，鞫狱未尝以刑求。

【注释】

①掠问：拷问。

奴子王发，夜猎归。月明之下，见一人为二人各捉一臂，东西牵曳，而寂不闻声。疑为昏夜之中，剥夺衣物，乃向空虚鸣一铳，二人奔迸散去，一人返奔归，倏皆不见。方知为鬼。比及村口，则一家灯火出入，人语嘈囋[1]，云："新妇缢死复苏矣。"妇云："姑命晚餐作饼，为犬衔去两三枚。姑疑窃食，痛批其颊。冤抑莫白，痴立树下。俄一妇来劝：'如此负屈，不如死。'犹豫未决，又一妇来怂恿之。恍惚迷瞀，若不自知，遂解带就缢，二妇助之。闷塞痛苦，殆难言状，渐似睡去，不觉身已出门外。一妇曰：'我先劝，当代我。'一妇曰：'非我后至不能决，当代我。'方争夺间，忽霹雳一声，火光四照，二妇惊走，我乃得归也。"后发夜归，辄遥闻哭詈，言破坏我事，誓必相杀。发亦不畏。一夕，又闻哭詈。发诃曰："尔杀人，我救人，即告于神，我亦理直。敢杀即杀，何必虚相恐怖！"自是遂绝。然则救人于死，亦招欲杀者之怨，宜袖手者多欤？此奴亦可云小异矣。

【注释】

①嘈囋（cáo zá）：喧闹。

郭彤纶言：阜城有人外出，数载无音问。一日，仓皇夜归，曰："我流落无藉，误落群盗中，所劫杀非一。今事败，幸跳身免，然闻他被执者已

夫以无目之人，侦有目之人，其不得决也；以孱弱之人，搏强横之人，其不敌亦决也。

供我姓名居址，计已飞檄[①]拘眷属。汝曹宜自为计，俱死无益也。”挥泪竟去，更无一言。阖家震骇，一夜星散尽，所居竟废为墟，人亦不明其故也。越数载，此人至其故宅，访父母妻子移居何处，邻人告以久逃匿，亦茫然不测所由。稍稍踪迹，知其妻在彤纶家佣作。叩门寻访，乃知其故。然在外实无为盗事，后亦实无夜归事。彤纶为稽官牍，亦并无缉捕事。久而忆耕作八沟时，(汉右北平之故地也，)筑室山冈。冈后有狐，时或窃物，又或夜中嗥叫搅人睡。乃聚徒劚破其穴，熏之以烟，狐乃尽去。疑或其为魅以报欤？

【注释】

①飞檄：官府传递公文。

卷十九　滦阳续录一

景薄桑榆[①]，精神日减，无复著书之志，惟时作杂记，聊以消闲。《滦阳消夏录》等四种，皆弄笔遣日者也。年来并此懒为，或时有异闻，偶题片纸；或忽忆旧事，拟补前编。又率不甚收拾，如云烟之过眼，故久未成书。今岁五月，扈从滦阳。退直之馀，昼长多暇，乃连缀成书命曰《滦阳续录》。缮写既完，因题数语，以志缘起。若夫立言之意，则前四书之序详矣，兹不复衍焉。嘉庆戊午[②]七夕后三日，观奕道人书于礼部直庐，时年七十有五。

【注释】

①景薄桑榆：太阳接近桑榆树梢，比喻晚年。　②嘉庆戊午：嘉庆三年，即1798年。

阿公偶问余刑天干戚[①]事，余举《山海经》以对。阿公曰：“君勿谓古记荒唐，是诚有也。昔科尔沁台吉[②]达尔玛达都尝猎于漠北深山，遇一鹿负箭而奔，因引弧殪之。方欲收取，忽一骑驰而至，鞍上人有身无首，其目在两乳，其口在脐，语啁哳自脐出。虽不可辨，然观其手所指画，似言鹿其所射，不应夺之也。从骑皆震慑失次，台吉素有胆，亦指画示以彼射未仆，此射乃获，当剖而均分。其人会意，亦似首肯，竟持半鹿而去。不知其是何部族，居于何地。据其形状，岂非刑天之遗类欤？天地之大，何所不有，儒者自拘于见闻耳。”

案，《史记》称：《山海经》《禹本纪》所有怪物，余不敢信。是其书本在汉以前。《列子》称大禹行而见之，伯益知而名之，夷坚闻而志之。其言必有所受，特后人不免附益又窜乱之，故往往悠谬太甚；且杂以秦汉之地名，分别观之，可矣。必谓本依附《天问》作《山海经》，不应引《山海经》反注《天问》，则太过也。

【注释】

①干戚：干，盾牌；戚，大斧。 ②台吉：清朝对蒙古贵族赐封的爵名。

断天下之是非，据礼据律而已矣。然有于礼不合，于律必禁，而介然[①]孤行其志者。亲党家有婢名柳青，七八岁时，主人即指与小奴益寿为妇。迨年十六七，合婚有日，益寿忽以博负逃，久而无耗。主人将以配他奴，誓死不肯。婢颇有姿，主人乘间挑之，许以侧室。亦誓死不肯。乃使一媪说之曰："汝既不肯负益寿，且暂从主人，当多方觅益寿，仍以配汝。如不从，既鬻诸远方，无见益寿之期矣。"婢暗泣数日，竟俯首荐枕席，惟时时促觅益寿。越三四载，益寿自投归。主人如约为合卺。合卺之后，执役如故，然不复与主人交一语。稍近之，辄避去。加以鞭笞，并赂益寿，使逼胁，讫不肯从。无可如何，乃善遣之。临行以小箧置主母前，叩拜而去。发之，皆主人数年所私给，纤毫不缺。后益寿负贩，婢缝纫，拮据自活，终无悔心。余乙酉[②]家居，益寿尚持铜磁器数事来售，头已白矣。问其妇，云久死。异哉，此婢不贞不淫，亦贞亦淫，竟无可位置，录以待君子论定之。

【注释】

①介然：坚定不动摇。 ②乙酉：乾隆三十年，即1765年。

宛平陈鹤龄，名永年，本富室，后稍落。其弟永泰，先亡。弟妇求析箸[①]，不得已从之。弟妇又曰："兄公男子能经理，我一孀妇，子女又幼，乞与产三分之二。"亲族皆曰不可。鹤龄曰："弟妇言是，当从之。"弟妇又以孤寡不能征逋负，欲以赀财当二分，而以积年未偿借券，并利息计算，当鹤龄之一分。亦曲从之。后借券皆索取无着，鹤龄遂大贫。此乾隆丙午[②]事也。陈氏先无登科者，是年鹤龄之子三立，竟举于乡。放榜之日，余同年李步玉居与相近，闻之喟然曰："天道固终不负人！"

【注释】

①析箸：指分家。 ②乾隆丙午：乾隆五十一年，即1786年。

舅氏张公梦征（亦字尚文，讳景说。）言：沧州吴家庄东一小庵，岁久无僧，恒为往来憩息也。有月作人[①]，每于庵前遇一人招之坐谈，颇相投契。渐与赴市沽饮，情益款洽。偶询其乡贯居址，其人愧谢曰："与君交厚，不敢欺，实此庵中老狐也。"月作人亦不怖畏，来往如初。一日复遇，挈鸟铳相授曰："余狎一妇，余弟亦私与狎，是盗嫂也。禁之不止，殴之则余力不敌，愤不可忍，将今夜伺之于路歧，与决生死。闻君善用铳，俟交斗时，乞发以击彼，感且不朽。月明如昼，君望之易辨也。"月作人诺之，即所指处伏草间。既而私念曰："其弟无礼，诚当死，然究所媚之外妇，彼自有夫，非嫂也。骨肉之间，宜善处置，必致之死，不太忍乎？彼兄弟犹如此，吾时与往来，倘有睚眦，虑且及我矣。"因乘其纠结不解，发一铳而两杀之。《棠棣》之诗曰："兄弟阋[②]于墙，外御其侮。"家庭交构，未有不归于两伤者。舅氏恒举此事为子侄戒，盖是人负两狐归，尝目睹也。

【注释】

①月作人：按月受雇为人劳作的人。 ②阋（xì）：争吵，争斗。

司庖杨媪言：其乡某甲将死，嘱其妇曰："我生无馀赀，身后汝母子必冻饿。四世单传，存此幼子。今与汝约：不拘何人，能为我抚孤则嫁之，亦不限服制月日，食尽则行。"嘱讫，闭目不更言，惟呻吟待尽。越半日，乃绝。有某乙闻其有色，遣媒妁请如约。妇虽许婚，以尚足自活，不忍行。数月后，不能举火，乃成礼。合卺之夜，已灭烛就枕，忽闻窗外叹息声。妇识其謦欬[①]，知为故夫之魂。隔窗呜咽，语之曰："君有遗言，非我私嫁。今夕之事，于势不得不然，君何以为祟？"魂亦呜咽曰："吾自来视儿，非来祟汝。因闻汝啜泣卸妆，念贫故使汝至于此，心脾凄动，不觉喟然耳。"某乙悸甚，急披衣起曰："自今以往，所不视君子如子者，有如日[②]。"灵语遂寂。后某乙耽玩艳妻，足不出户。而妇恒惘惘，如有失，某乙倍爱其子以媚之，乃稍稍笑语。七八载后，某乙病死，无子，亦别无亲属。妇据其赀，延师教子，竟得游泮[③]。又为纳妇，生两孙。至妇年四十馀，忽梦故夫曰："我自随汝来，未曾离此。因吾子事事得所，汝虽日与彼狎昵，而念念不忘我，灯前月下，背人弹泪。我皆见之，故不欲稍露形声，惊尔母子。今彼已转轮，汝寿亦尽，馀情未断，当随我同归也。"数日果微疾，以梦告其子，不肯服药，荏苒[④]遂卒。其子奉棺合葬于故夫，从其志也。程子谓饿死事小，失节事大。是诚千古之正理，然为一身言之耳。此妇甘辱一身，以延宗祀，所全者大，似又当别论矣。杨媪能举其姓氏里居，以碎璧归赵，究非完美，隐而不书。悯其遇，悲其志，为贤者讳也。

又吾乡有再醮故夫之三从表弟者，两家所居，距一牛鸣地。嫁后仍以亲串礼回视其姑，三数日必一来问起居，且时有赡助，姑赖以活。殁后，出赀敛葬，岁恒遣人祀其墓。又京师一妇，少寡，虽颇有姿首，而针黹烹饪，皆非所能。乃谋于翁姑，伪称已女，鬻为宦家妾，竟养翁姑终身。是皆堕节之妇，原不足称；然不忘旧恩，亦足励薄俗。君子与人为善，固应不没其寸长。讲学家持论务严，遂使一时失足者，无路自赎，反甘心于自弃，非教人补过之道也。

【注释】

①謦欬（qǐng kài）：指咳嗽声。②有如日：像太阳落山一样沉沦。③游泮：明清科举制度，经州县考试录取为生员者就读于学宫，称游泮。④荏苒：形容时光易逝。

杨雨亭言：莱州深山，有童子牧羊，日恒亡一二，大为主人扑责。留意侦之，乃二大蛇从山罅出，吸之吞食。其巨如瓮，莫敢婴也。童子恨甚，乃谋于其父，设犁刀于山罅，果一蛇裂腹死。惧其偶之报复，不敢复牧于是地。时往潜伺，寂无形迹，意其他徙矣。半载以后，贪是地水草胜他处，仍驱羊往牧。牧未三日，而童子为蛇吞矣。盖潜匿不出，以诱童子之来也。童子之父有心计，阳不搜索，而阴祈营弁[①]藏一炮于深草中，时密往伺察。两月以外，见石上有蜿蜒痕，乃载燧[②]夜伏其旁。蛇果下饮于涧，簌簌有声，遂一发而糜碎焉。还家之后，忽发狂自挝曰："汝计杀我夫，我计杀汝子，适相当也。我已深藏不出，汝又百计以杀我，则我为枉死矣，今必不舍汝。"越数日而卒。俚谚有之曰："角力不解，必同仆地；角饮不解，必同沉醉。"斯言虽小，可以喻大矣。

【注释】

①营弁：中下级武官。②燧：火石。

高密单作虞言：山东一巨室，无故家中廪[①]自焚，以为偶遗火也。俄怪变数作，阖家大扰。一日，厅事上砰磕有声，所陈设玩器俱碎。主人性素刚劲，厉声叱问曰："青天白日之下，是何妖魅，敢来为祟？吾行诉尔于神矣！"梁上朗然应曰："尔好射猎，多杀我子孙。衔尔次骨，至尔家伺隙八年矣。尔祖宗泽厚，福运未艾，中霤神、灶君、门尉禁我弗使动，我无如何也。今尔家兄弟外争，妻妾内讧，一门各分朋党，俨若寇仇。败征已见，戾气应之，诸神不歆尔祀，邪鬼已阚尔室，故我得而甘心焉。尔尚愦愦哉！”其声愤厉，家众共闻。主人悚然有思，抚膺太息曰：“妖不胜德，古之训也。德之不修，于妖乎何尤？”乃呼弟及妻妾曰：“祸不远矣，幸未及也。如能共释宿憾，各逐私党，翻然一改其所为，犹可以救。今日之事，当自我始。尔等听我，祖宗之灵，子孙之福也；如不听我，我披发入山矣。”反复开陈，引咎自责，泪涔涔渍衣袂。众心感动，并伏几哀号，立逐离间奴婢十馀人，凡彼此相轧之事，并一时顿改。执豕于牢，歃血盟神曰：“自今以往，怀二心者如此豕！”方彼此谢罪，闻梁上顿足曰：“我复仇而自漏言，我之过也夫！”叹诧而去。此乾隆八九年间事。

【注释】

①廪：粮仓。

一庖人随余数年矣，今岁扈从滦阳，忽无故束装去，借住于附近巷中。盖挟余无人烹饪，故居奇以索高价也。同人皆为不平，余亦不能无愤恚。既而忽忆武强刘景南官中书时，极贫窘，一家奴偃蹇[①]求去。景南送之以诗曰：“饥寒迫汝各谋生，送汝依依尚有情。留取他年相见地，临阶惟叹两三声。”忠厚之言，溢于言表。再三吟诵，觉褊急[②]之气都消。

【注释】

①偃蹇（yǎn jiǎn）：盛气凌人。 ②褊（biǎn）急：气量狭小，性情急躁。

卷二十　滦阳续录二

昌吉守备刘德言：昔征回部时，因有急檄，取珠尔土斯路驰往。阴晦失道，十馀骑皆迷，裹粮垂尽，又无水泉，姑坐树根，冀天晴辨南北。见崖下有人马骨数具，虽风雪剥蚀，衣械并朽，察其形制，似是我兵。因对之慨叹曰：“再两日不晴，与君辈在此为侣矣。”顷之，旋风起林外，忽来忽去，似若相招。试纵马随之，风即前导；试暂憩息，风亦不行。晓然知为斯骨之灵。随之返行三四十里，又度岭两重，始得旧路，风亦欻然[①]息矣。众哭拜之而去。嗟呼！生既捐躯、魂犹报国；精灵长在，而名氏翳如[②]。是亦可悲也已。

【注释】

①欻（xū）然：忽然。②翳如：湮灭无闻。

同郡有富室子，形状臃肿，步履蹒跚，又不修边幅，垢腻恒满面。然好游狭斜，遇妇女必注视。一日独行，遇幼妇，风韵绝佳。时新雨泥泞，遽前调之曰："路滑如是，嫂莫要扶持否？"幼妇正色曰："尔勿愦愦，我是狐女，平生惟拜月炼形，从不作媚人采补事。尔自顾何物，乃敢作是言，行且祸尔。"遂掬沙屑洒其面，惊而却步，忽堕沟中，努力踊出，幼妇已不知所往矣。自是心恒惴惴，虑其为祟，亦竟无患。数日后，友人邀饮，有新出小妓侑酒。谛视，即前幼妇也。疑似惶惑，罔知所措，强试问之曰："某日雨后，曾往东村乎？"妓漫应曰："姊是日往东村视阿姨，吾未往也。姊与吾貌相似，公当相见耶？"语殊恍惚，竟莫决是怪是人，是一是二，乃托故逃席去。去后，妓述其事曰："实憎其丑态，且惧行强暴，姑诳以伪词，冀求解免。幸其自仆，遂匿于麦场积柴后，不虞其以为真也。"席中莫不绝倒。一客曰："既入青楼，焉能择客？彼固能千金买笑者也，盍挈尔诣彼乎！"遂偕之同往，具述妓翁姑及夫名氏，其疑乃释。（妓姊妹即所谓大杨、二杨者，当时名士多作《杨柳枝词》，皆借寓其姓也。）妓复谢以小时固识君，昨喜见怜，故答以戏谑，何期反致唐突，深为歉仄，敢抱衾枕以自赎。吐词娴雅，恣态横生。遂大为所惑，留连数夕。召其夫至，计月给夜合之资。狎昵经年，竟殒于消渴[①]。

先兄晴湖曰："狐而人，则畏之，畏死也。人而狐，则非惟不畏，且不畏死，是尚为能充其类也乎！'行且祸汝'，彼固先言。是子也死于妓，仍谓之死于狐可也。"

【注释】

①消渴：即糖尿病。

郭大椿、郭双桂、郭三槐，兄弟也。三槐屡侮其兄，且诣县讼之。归憩一寺，见缁袍[①]满座，梵呗[②]竞作。主人虽吉服，而容色惨沮，宣疏通诚[③]之时，泪随声下。叩之，寺僧曰："某公之兄病危，为叩佛祈福也。"三槐痴立良久，忽发颠狂，顿足捶胸而呼曰："人家兄弟如是耶！"如是一语，反复不已。舁至家，不寝不食，仍顿足捶胸，诵此一语，两三日不止。大椿、双桂故别住，闻信俱来，持其手哭曰："弟何至是？"三槐又痴立良久，突抱两兄曰："兄故如是耶！"长号数声，一踊而绝。咸曰神殛之，非也。

三槐愧而自咎，此圣贤所谓改过，释氏所谓忏悔也。苟充是志，虽田荆、姜被，均所能为。神方许之，安得殛之？其一恸立殒，直由感动于中，天良激发，自觉不可立于世，故一瞑不视，戢影黄泉，岂神之褫其魄哉？惜知过而不知补过，气质用事，一往莫收；无学问以济之，无明师益友以导之，无贤妻子以辅之，遂不能恶始美终，以图晚盖，是则其不幸焉耳。昔田氏姊买一小婢，倡家女也。闻人诮邻妇淫乱，瞿然惊曰："是不可为耶？吾以为当如是也。"后嫁为农家妻，终身贞洁。然则三槐悖理，正坐不知。故子弟当先使知礼。

【注释】

①缁袍：用黑帛做的衣服，这里指僧尼。 ②梵呗：和尚念经声。 ③宣疏通诚：宣读表示虔诚的祷文。

槐亭又言：有学茅山法者，劾治鬼魅，多有奇验。有一家为狐所祟，请往驱除。整束法器，克日将行。有素识老翁诣之曰："我久与狐友。狐事急，乞我一言。狐非获罪于先生，先生亦非有憾于狐也。不过得其贽币[①]，故为料理耳。狐闻事定之后，彼许馈廿四金。今愿十倍其数，纳于先生，先生能止不行乎？"因出金置案上。此人故贪惏[②]，当即受之。次日，谢遣请者曰："吾法能治凡狐耳。昨召将检查，君家之祟乃天狐，非所能制也。"得金之后，竟殊自喜，因念狐既多金，可以术取。遂考召四境之狐，胁以雷斧火狱，俾纳贿焉。征索既频，狐不胜扰，乃共计盗其符印。遂为狐所凭附，颠狂号叫，自投于河。群狐仍摄其金去，铢两不存。人以为如费长房、明崇俨也。后其徒阴泄之，乃知其致败之故。

夫操持符印，役使鬼神，以驱除妖疠，此其权与官吏侔矣。受赂纵奸，已为不可；又多方以盈其谿壑，天道神明，岂逃鉴察？微群狐杀之，雷霆之诛，当亦终不免也。

【注释】

①贽币：礼金。 ②贪惏：贪婪。

天高地远，鬼神茫昧，似与人无预。而有时其应如响，殚人之智力，不能与争。沧州上河涯，有某甲女，许字某乙子。两家皆小康，婚期在一二年内矣。有星士过某甲家，阻雨留宿。以女命使推。星士沉思良久曰："未携算书，此命不能推也。"觉有异，穷诘之。始曰："据此八字，侧室命也，君家似不应至此。且闻嫁已有期，而干支无刑克，断不再醮。此所以愈疑也。”有黠者[①]闻此事，欲借以牟利，说某甲曰：“君家赀几何，加以嫁女必多费，益不支矣。命既如是，不知先诡言女病，次诡言女死，市空棺速葬；而夜携女走京师，改名姓鬻为贵家妾，则多金可坐致矣。”某甲从之。会有达官嫁女，求美媵，以二百金买之。越月馀，泛舟送女南行，至天妃闸，阖门俱葬鱼腹，独某甲女遇救得生。以少女无敢收养，闻于所司。所司问其由来，女在是家未久，仅知主人之姓，而不能举其爵里；惟父母姓名居址，言之凿凿。乃移牒至沧州，其事遂败。时某乙子已与表妹结婚，无改盟理。闻某甲之得多金也，愤恚欲讼。某甲窘迫，愿仍以女嫁其子。其表妹家闻之，又欲讼。纷纭轇轕，势且成大狱。两家故旧戚众为调和，使某甲出资往迎女，而为某乙子之侧室，其难乃平。女还家后，某乙子已亲迎。某乙以牛车载女至家，见其姑，苦辩非己意。姑曰：“既非尔意，鬻尔时何不言有夫？”女无词以应。引使拜嫡，女稍趑趄[②]。姑曰：“尔买为媵时，亦不拜耶？”又无词以应，遂拜如礼。姑终身以奴隶畜之。

此雍正末年事。先祖母张太夫人，时避暑水明楼，知之最悉。尝语侍婢曰：“其父不过欲多金，其女不过欲富贵，故生是谋耳。乌知非徒无益，反失所本有哉！汝辈视此，可消诸妄念矣。”

【注释】

①黠者：性情狡猾的人。②趑趄：犹豫不绝。

疡医殷赞庵，自深州病家归，主人遣杨姓仆送之。杨素暴戾，众名之曰横（去声。）虎，沿途寻衅，无一日不与人竞也。一日，昏夜至一村，旅舍皆满，乃投一寺。僧曰：“惟佛殿后空屋三楹。然有物为祟，不敢欺也。”杨怒曰：“何物敢祟杨横虎！正欲寻之耳。”促僧扫榻，共赞庵寝。赞庵心怯，近壁眠；横虎卧于外，明烛以待。人定[①]后，果有声呜呜自外入，乃一丽妇也。渐逼近榻，杨突起拥抱之，即与接唇狎戏。妇忽现缢鬼形，恶状可畏。赞庵战栗，齿相击。杨徐笑曰：“汝貌虽可憎，下体当不异人，且一行乐耳。”左手揽其背、右手遽褪其裤，将按置榻上，鬼大号逃去，杨追呼之，竟不返矣。遂安寝至晓。临行，语寺僧曰：“此屋大有佳处，吾某日还，当再宿，勿留他客也。”赞庵尝以语沧州王友三曰：“世乃有逼奸缢鬼者，横虎之名，定非虚得。”

【注释】

①人定：夜深人静时。

神奸机巧，有时败也；多财恣横，亦有时败也。以神奸用其财，以多财济其奸，斯莫可究诘矣。

景州李露园言：燕、齐间有富室失偶，见里人新妇而艳之。阴遣一媪，税屋与邻，百计游说，厚赂其舅姑，使以不孝出其妇，约勿使其子知。又别遣一媪与妇家素往来者，以厚赂游说其父母，伪送妇还。舅姑亦伪作悔意，留之饭，已呼妇入室矣。俄彼此语相侵，仍互诟，逐妇归，亦不使妇知。于是买休卖休，与母家同谋之事，俱无迹可寻矣。既而二媪诈为媒，与两家议婚。富室以惮其不孝辞，妇家又以贫富非偶辞，于是谋取之计亦无迹可寻矣。迟之又久，复有亲友为作合，乃委禽焉。其夫虽贫，然故士族，以迫于父母，无罪弃妇，已怏怏成疾，犹冀破镜再合；闻嫁有期，遂愤郁死。死而其魂为厉于富室。合卺之夕，灯下见形，挠乱不使同衾枕，如是者数夜。改卜其昼，妇又恚曰："岂有故夫在旁，而与新夫如是者？又岂有三日新妇，而白日闭门如是者？"大泣不从。无如之何，乃延术士劾治。术士登坛焚符，指挥叱咤，似有所睹，遽起谢去，曰："吾能驱邪魅，不能驱冤魄也。"延僧礼忏，亦无验。忽忆其人素颇孝，故出妇不敢阻。乃再赂妇之舅姑，使谕遣其子。舅姑虽痛子，然利其金，姑共来怒詈。鬼泣曰："父母见逐，无复住理，且讼诸地下耳。"从此遂绝。不半载，富室竟死。殆讼得直欤？富室是举，使邓思贤[①]不能讼，使包龙图不能察。且恃其钱神，至能驱鬼，心计可谓巧矣，而卒不能逃幽冥之业镜。闻所费不下数千金，为欢无几，反以殒生。虽谓之至拙可也，巧安在哉！

【注释】

①邓思贤：宋朝著名讼师。

卷二十一　滦阳续录三

德州李秋崖言：尝与数友赴济南秋试，宿旅舍中，屋颇敝陋。而旁一院，屋二楹，稍整洁，乃锁闭之。怪主人不以留客，将待富贵者居耶？主人曰："是屋有魅，不知其狐与鬼，久无人居，故稍洁。非敢择客也。"

一友强使开之，展襆被独卧，临睡大言曰："是男魅耶，吾与尔角力；是女魅耶，尔与吾荐枕。勿瑟缩不出也。"闭户灭烛，殊无他异。人定后，闻窗外小语曰："荐枕者来矣。"方欲起视，突一巨物压身上，重若磐石，几不可胜。扪之，长毛鬖鬖[1]，喘如牛吼。此友素多力，因抱持搏击。此物亦多力，牵拽起仆，滚室中几遍。诸友闻声往视，门闭不得入，但听其砰訇[2]而已。约二三刻许，魅要害中拳，嗷然遁。此友开户出，见众人环立，指天画地，说顷时状，意殊自得也。时甫交三鼓，仍各归寝，此友将睡未睡，闻窗外又小语曰："荐枕者真来矣。顷欲相就，家兄急欲先角力，因尔唐突。今渠已愧沮不敢出，妾敬来寻盟也。"语讫，已至榻前，探手抚其面，指纤如春葱，滑泽如玉，脂香粉气，馥馥袭人。心知其意不良，爱其柔媚，且共寝以观其变。遂引之入衾，备极缱绻。至欢畅极时，忽觉此女腹中气一吸，即心神恍惚，百脉沸涌，昏昏然竟不知人。比晓，门不启，呼之不应，急与主人破窗入，噀[3]水喷之，乃醒，已儽然[4]如病夫。送归其家，医药半载，乃杖而行。自此豪气都尽，无复轩昂意兴矣。力能胜强暴，而不能不败于妖冶。欧阳公曰："祸患常生于忽微，智勇多困于所溺。"岂不然哉！

【注释】

①鬖鬖（sān sān）：毛发垂下来的样子。 ②砰訇：形容撞击或重物落地的声音。③噀（xùn）：含在嘴里喷出来。 ④儽（léi）然：疲惫的样子。

刘书台言：其乡有导引求仙者，坐而运气，致手足拘挛[1]，然行之不辍。有闻其说而悦之者，礼为师，日从受法，久之亦手足拘挛。妻孥患其闲废致郁结，乃各制一椅，恒舁于一室，使对谈丹诀。二人促膝共语，寒暑无间，恒以为神仙奥妙，天下惟尔知我知，无第三人能解也。人或窃笑，二人闻之，太息曰："朝菌不知晦朔，蟪蛄不知春秋，信哉是言，神仙岂以形骸论乎！"至死不悔，犹嘱子孙秘藏其书，待五百年后有缘者。或曰："是有道之士，托废疾以自晦也。"余于杂书稍涉猎，独未一阅丹经。然欤否欤？非门外人所知矣。

【注释】

①拘挛：肌肉收缩，不能自由伸展。

表兄安伊在言：县人有与狐女昵者，多以其妇夜合之资，买簪珥脂粉赠狐女。狐女常往来其家，惟此人见之，他人不见也。一日，妇诟其夫曰："汝财自何来，乃如此之用？"狐女忽暗中应曰："汝财自何来，乃独责我？"闻者皆绝倒。余谓此自伊在之寓言，然亦足见惟无瑕者可以责人。

赛商鞅者，不欲著其名氏里贯，老诸生也。挈家寓京师。天资刻薄，凡善人善事，必推求其疵颣[①]，故得此名。钱敦堂编修歿，其门生为经纪棺衾，赡恤妻子，事事得所。赛商鞅曰："世间无如此好人。此欲博古道之名，使要津闻之，易于攀援奔竞耳。"一贫民，母死于路，跪乞钱买棺，形容枯槁，声音酸楚，人竞以钱投之。赛商鞅曰："此指尸敛财，尸亦未必其母。他人可欺，不能欺我也。"过一旌表节妇坊下，仰视微哂曰："是家富贵，仆从如云，岂少秦宫、冯子都耶！此事须核，不敢遽言非，亦不敢遽言是也。"平生操论皆类此。人皆畏而避之，无敢延以教读者，竟困顿以歿。歿后，妻孥流落，不可言状。有人于酒筵遇一妓，举止尚有士风，讶其不类倚门者，问之，即其小女也。亦可哀矣。先姚安公曰："此老生平亦无大过，但务欲其识加人一等，故不觉至是耳。可不戒哉！"

【注释】

①疵颣（cī lèi）：缺点，毛病。

门人邱人龙言：有赴任官，舟泊滩河。夜半，有数盗执炬露刃入。众皆慑伏。一盗拽其妻起，半跪启曰："乞夫人一物，夫人勿惊。"即割一左耳，敷以药末，曰："数日勿洗，自结痂愈也。"遂相率呼啸去。怖几失魂，其创果不出血，亦不甚痛，旋即平复。以为仇耶，不杀不淫；以为盗耶，未劫一物。既不劫不杀不淫矣，而又戕其耳；既戕其耳矣，而又赠以良药。是专为取耳来也。取此耳又何意耶？千思万索，终不得其所以然，天下真有理外事也。邱生曰："苟得此盗，自必有其所以然；其所以然亦必在理中，但定非我所见之理耳。"然则论天下事，可据理以断有无哉？

（恒兰台曰："此或采生折割[①]之党，取以炼药。"似乃近之。）

【注释】

①采生折割：旧时一种捕杀生人，折割其肢体，取五官脏腑等用以合药敛财的罪恶行为。

董天士先生，前明高士，以画自给，一介不妄取。先高祖厚斋公老友也，厚斋公多与唱和，今载于《花王阁剩稿》者，尚可想见其为人。故老或言其有狐妾，或曰天士孤僻，必无之。

伯祖湛元公曰：“是有之，而别有说也。吾闻诸董空如曰：天士居老屋两楹，终身不娶；亦无仆婢，井臼皆自操。一日晨兴，见衣履之当着者，皆整顿置手下；再视则盥漱俱已陈。天士曰：‘是必有异，其妖将媚我乎？’窗外小语应曰：‘非敢媚公，欲有求于公。难于自献，故作是以待公问也。’天士素有胆，命之入。入辄跪拜，则娟静好女也。问其名，曰：‘温玉。’问何求，曰：‘狐所畏者五：曰凶暴，避其盛气也；曰术士，避其劾治也；曰神灵，避其稽察也；曰有福，避其旺运也；曰有德，避其正气也。然凶暴不恒有，亦究自败。术士与神灵，吾不为非，皆无如我何。有福者运衰亦复玩之；惟有德者则畏而且敬。得自附于有德者，则族党以为荣，其品格即高出侪类上。公虽贫贱，而非义弗取，非礼弗为。倘准奔则为妾之礼，许侍巾栉[①]，三生之幸也；如不见纳，则乞假以虚名，为画一扇，题曰某年月日为姬人温玉作，亦叨公之末光矣。’即出精扇置几上，濡墨调色，拱立以俟。天士笑从之。女自取天士小印印扇上，曰：‘此姬人事，不敢劳公也。’再拜而去。次日晨兴，觉足下有物，视之，则温玉。笑而起曰：‘诚不敢以贱体玷公，然非共榻一宵，非亲执媵御之役，则姬人字终为假托。’遂捧衣履侍洗漱讫，再拜曰：‘妾从此逝矣。’瞥然不见，遂不再来。岂明季山人声价最重，此狐女亦移于风气乎？然襟怀散朗，有王夫人林下风，宜天士之不拒也。”

【注释】

①巾栉：巾和梳篦，泛指盥洗用具。

门人有作令云南者，家本苦寒，仅携一子一僮，拮据往，需次会城。久之，得补一县，在滇中，尚为膏腴地。然距省窎远[①]，其家又在荒村，书不易寄。偶得鱼雁，亦不免浮沉，故与妻子几断音问。惟于坊本搢绅[②]中，检得官某县而已。偶一狡仆舞弊，杖而遣之。此仆衔次骨。其家事故所备知，因伪造其僮书云，主人父子先后卒，二棺今浮厝佛寺，当借赀来迎。并述遗命，处分家事甚悉。

初，令赴滇时，亲友以其朴讷，意未必得缺；即得缺，亦必恶。后闻官是县，始稍稍亲近，并有周恤其家者，有时相馈问者。其子或有所称贷，人亦辄应，且有以子女结婚者。乡人有宴会，其子无不与也。及得是书，皆大沮，有来唁者，有不来唁者。渐有索逋[③]者，渐有道途相遇似不相识者。僮奴婢媪皆散，不半载，门可罗雀矣。既而令托人觐官寄千二百金至家迎妻子，始知前书之伪，举家破涕为笑，如在梦中。亲友稍稍复集，避不敢见者，颇亦有焉。

后令与所亲书曰："一贵一贱之态，身历者多矣；一贫一富之态，身历者亦多矣。若夫生而忽死，死逾半载而复生，中间情事，能以一身亲历者，仆殆第一人矣。"

【注释】

①窎（diào）远：遥远。②搢绅：有官职的或做过官的人。③逋：拖欠。

汪阁学晓园言：有一老僧过屠市，泫然流涕。或讶之，曰："其说长矣。吾能记两世事：吾初世为屠人，年三十馀死，魂为数人执缚去。冥官责以杀业至重，押赴转轮受恶报。觉恍惚迷离，如醉如梦，惟热恼不可忍。忽似清凉，则已在豕栏矣。断乳后，见食不洁，心知其秽；然饥火燔烧，五脏皆如焦裂，不得已食之。后渐通猪语，时与同类相问讯，能记前身者颇多，特不能与人言耳。大抵皆自知当屠割，其时作呻吟声者，愁也；目睫往往有湿痕者，自悲也。躯干痴重，夏极苦热，惟汩没泥水中少可，然不常得。毛疏而劲，冬极苦寒，视犬羊软毳厚氄[①]，有如仙兽。遇捕执时，自知不免，姑跳踉奔避，冀缓须臾。追得后，蹴踏头项，拗捩蹄肘，绳勒四足深至骨，痛若刃劙[②]。或载以舟车，则重叠相压，肋如欲折，百脉涌塞，腹如欲裂。或贯以竿而扛之，更痛甚三木矣。至屠市，提掷于地，心脾皆震动欲碎。或即日死，或缚至数日，弥难忍受。时见刀俎在左，汤镬在右，不知着我身时，作何痛楚，辄簌簌战栗不止。又时自顾己身，念将来不知磔裂分散，作谁家杯中羹，又凄惨欲绝。比受戮时，屠人一牵拽，即惶怖昏瞀，四体皆软，觉心如左右震荡，魂如自顶飞出，又复落下。见刀光晃耀，不敢正视，惟瞑目以待封剔。屠人先剚[③]刃于喉，摇撼摆拨，泻血盆盎中，其苦非口所能道，求死不得，惟有长号。血尽始刺心大痛，遂不能作声，渐恍惚迷离，如醉如梦，如初转生时。良久稍醒，自视已为人形矣。冥官以夙生尚有善业，仍许为人，是为今身。顷见此猪，哀其荼毒，因念昔受此荼毒时，又惜此持刀人将来亦必受此荼毒，三念交萦，故不知涕泪之何从也。"屠人闻之，遽掷刀于地，竟改业为卖菜佣。

【注释】

①氄（rǒng）：鸟兽细软而茂密的毛。②劙（lí）：割破。③剚（zì）：用刀刺。

晓园说此事时，李汇川亦举二事曰：有屠人死，其邻村人家生一猪，距屠人家四五里。此猪恒至屠人家中卧，驱逐不去。其主人捉去，仍自来；絷以锁，乃已。疑为屠人后身也。又一屠人死，越一载馀，其妻将嫁。方彩服登舟，忽一猪突至，怒目眈眈，径裂妇裙，啮其胫。众急救护，共挤猪落水，始得鼓棹[①]行。猪自水跃出，仍沿岸急追。适风利扬帆去，猪乃懊丧自归。亦疑屠人后身，怒其妻之琵琶别抱也。此可为屠人作猪之旁证。又言：有屠人杀猪甫死，适其妻有孕，即生一女，落蓐即作猪号声，号三四日死。此亦可证猪还为人。余谓此即朱子所谓生气未尽，与生气偶然凑合者，别自一理，又不以轮回论也。

【注释】

①鼓棹：划桨。

高冠瀛言：有人宅后空屋住一狐，不见其形，而能对面与人语。其家小康，或以为狐所助也。有信其说者，因此人以求交于狐。狐亦与款洽。一日，欲设筵飨狐。狐言老而饕餮。乃多设酒肴以待。比至日暮，有数狐醉倒现形，始知其呼朋引类来也。如是数四，疲于供给，衣物典质一空，乃微露求助意。狐大笑曰："吾惟无钱供酒食，故数就君也。使我多财，我当自醉自饱，何所取而与君友乎？"从此遂绝。此狐可谓无赖矣，然余谓非狐之过也。

卷二十二　滦阳续录四

刘香畹言：有老儒宿于亲串家，俄主人之婿至，无赖子也。彼此气味不相入，皆不愿同住一屋，乃移老儒于别室。其婿睨之而笑，莫喻其故也。室亦雅洁，笔砚书籍皆具。老儒于灯下写书寄家，忽一女子立灯下，色不甚丽，而风致颇娴雅。老儒知其为鬼，然殊不畏，举手指灯曰："既来此，不可闲立，可剪烛。"女子遽灭其灯，逼而对立。老儒怒，急以手摩砚上墨沈，掴其面而涂之，曰："以此为识，明日寻汝尸，剉而焚之！"鬼"呀"然一声去。次日，以告主人。主人曰："原有婢死于此室，夜每出扰人；故惟白昼与客坐，夜无人宿。昨无地安置君，揣君耆德硕学，鬼必不出。不虞其仍现形也。"乃悟其婿窃笑之故。此鬼多以月下行院中，后家人或有偶遇者，即掩面急走。他日留心伺之，面上仍墨污狼藉。鬼有形

一九七三年六月十二日
张辛稼画于苏州师子林

久戍人偏老，长征马不肥。

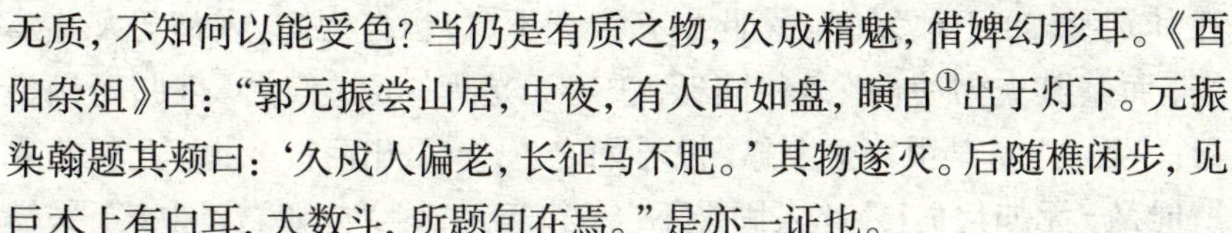

无质，不知何以能受色？当仍是有质之物，久成精魅，借婢幻形耳。《酉阳杂俎》曰：“郭元振尝山居，中夜，有人面如盘，瞚目[1]出于灯下。元振染翰题其颊曰：‘久戍人偏老，长征马不肥。’其物遂灭。后随樵闲步，见巨木上有白耳，大数斗，所题句在焉。”是亦一证也。

【注释】

①瞚（shùn）目：眨眼。

姚安公言：庐江孙起山先生谒选时，贫无资斧，沿途雇驴而行，北方所谓短盘也。一日，至河间南门外，雇驴未得。大雨骤来，避民家屋檐下，主人见之，怒曰：“造屋时汝未出钱，筑地时汝未出力，何无故坐此？”推之立雨中。时河间犹未改题缺[1]，起山入都，不数月竟掣得是县。赴任时，此人识之，惶愧自悔，谋卖屋移家。起山闻之，召来笑而语之曰：“吾何至与汝辈较。今既经此，后无复然，亦忠厚养福之道也。”因举一事曰：“吾乡有爱莳花[2]者，一夜偶起，见数女子立花下，皆非素识。知为狐魅，遽掷以块，曰：‘妖物何得偷看花！’一女子笑而答曰：‘君自昼赏，我自夜游，于君何碍？夜夜来此，花不损一茎一叶，于花又何碍？遽见声色，何鄙吝至此耶？吾非不能揉碎君花，恐人谓我辈所见，亦与君等，故不为耳。’飘然共去。后亦无他。狐尚不与此辈较，我乃不及狐耶？”

后此人终不自安，移家莫知所往。起山叹曰：“小人之心，竟谓天下皆小人。”

【注释】

①题缺：奏请任命出缺官职。 ②莳花：种花。

族叔育万言：张歌桥之北，有人见黑狐醉卧场屋中。（场中守视谷麦小屋，俗谓之场屋。）初欲擒捕，既而念狐能致财，乃覆以衣而坐守之。狐睡醒，伸缩数四，即成人形。甚感其护视，遂相与为友。狐亦时有所馈赠。一日，问狐曰：“设有人匿君家，君能隐蔽弗露乎？”曰：“能。”又问：“君能凭附人身狂走乎？”曰：“亦能。”此人即恳乞曰：“吾家酷贫，君所惠不足以赡，而又愧于数渎君。今里中某甲甚富，而甚畏讼。顷闻觅一妇司庖，吾欲使妇往应。居数日，伺隙逃出，藏君家；而吾以失妇，阳欲讼。妇尚粗有姿首，可诬以蜚语，胁多金。得金之后，公凭附使奔至某甲别墅中，然后使人觅得。则承惠多矣。”狐如所言，果得多金，觅妇返后，某甲以在其别墅，亦不敢复问。然此妇狂疾竟不愈，恒自妆饰，夜似与人共嬉笑，而禁其夫勿使前。急往问狐，狐言无是理，试往侦之。俄归而顿足曰："败矣！是某甲家楼上狐，悦君妇之色，乘吾出而彼入也。此狐非我所能敌，无如何矣！"此人固恳不已。狐正色曰："譬如君里中某，暴横如虎，使彼强据人妇，君能代争乎？"后其妇颠痫日甚，且具发其夫之阴谋。针灸劾治皆无效，卒以瘵死。里人皆曰："此人狡黠如鬼，而又济以狐之幻，宜无患矣。不虞以狐召狐，如螳螂黄雀之相伺也。古诗曰：'利旁有倚刀，贪人还自戕。'信矣！"

老仆施祥，尝乘马夜行至张白。四野空旷，黑暗中有数人掷沙泥，马惊嘶不进。祥知是鬼，叱之曰："我不至尔墟墓间，何为犯我？"群鬼揶揄曰："自作剧耳，谁与尔论理。"祥怒曰："既不论理，是寻斗也。"即下马，以鞭横击之。喧哄良久，力且不敌；马又跳踉[①]掣其肘。意方窘急，忽遥见一鬼狂奔来，厉声呼曰："此吾好友，尔等毋造次！"群鬼遂散。祥上马驰归，亦不及问其为谁。次日，携酒于昨处奠之，祈示灵响，寂然不应矣。祥之所友，不过厮养屠沽耳，而九泉之下，故人之情乃如是。

【注释】

①跳踉（liáng）：跳跃。

九州之大，奸盗事无地无之，亦无日无之，均不为异也。至盗而稍别于盗，而不能不谓之盗；奸而稍别于奸，究不能不谓之奸，斯为异矣。盗而人许遂其盗，奸而人许遂其奸，斯更异矣。乃又相触立发，相牵立息，发如鼎沸，息如电掣，不尤异之异乎！舅氏安公五章言：有中年失偶者，已有子矣，复买一有夫之妇。幸控制有术，犹可相安。既而是人死，平日私蓄，悉在此妇手。其子微闻而索之，事无佐证，妇弗承也。后侦知其藏贮处，乃夜中穴壁入室。方开箧携出，妇觉，大号有贼，家众惊起，各持械入。其子仓皇从穴出，迎击之，立踣。即从穴入搜馀盗，闻床下喘息有声，群呼尚有一贼，共曳出絷缚。比灯至审视，则破额昏仆者其子，床下乃其故夫也。其子苏后，与妇各执一词。子云"子取父财，不为盗"。妇云"妻归前夫，不为奸"。子云"前夫可再合，而不可私会"。妇云"父财可索取，而不可穿窬[①]"。互相诟谇，势不相下。次日，族党密议，谓涉讼两败，徒玷门风。乃阴为调停，使尽留金与其子，而听妇自归故夫，其难乃平。然已"鼓钟于宫，声闻于外"矣。先叔仪南公曰："此事巧于相值，天也；所以致有此事，则人也。不纳此有夫之妇，子何由而盗，妇何由而奸哉？彼所恃者，力能驾驭耳。不知能驾驭于生前，不能驾驭于身后也。”

【注释】

①穿窬（yú）：穿墙打洞行窃。

卷二十三　滦阳续录五

山西人多商于外，十馀岁辄从人学贸易。俟蓄积有赀，始归纳妇。纳妇后仍出营利，率二三年一归省，其常例也。或命途蹇剥[1]，或事故萦牵，一二十载不得归。甚或金尽裘敝，耻还乡里，萍飘蓬转，不通音问者，亦往往有之。

有李甲者，转徙为乡人靳乙养子，因冒其姓。家中不得其踪迹，遂传为死。俄其父母并逝，妇无所依，寄食于母族舅氏家。其舅本住邻县，又挈家逐什一[2]，商舶南北，岁无定居。甲久不得家书，亦以为死。靳乙谋为甲娶妇。会妇舅旅卒，家属流寓于天津；念妇少寡，非长计，亦谋嫁于山西人，他时尚可归乡里。惧人嫌其无母家，因诡称己女。众人媒合，遂成其事。合卺之夕，以别已八年，两怀疑而不敢问。宵分私语，乃始了然。甲怒其未得实据而遽嫁，且诟且殴。阖家惊起，靳乙隔窗呼之曰：“汝之再娶，有妇亡之实据乎？且流离播迁，待汝八年而后嫁，亦可谅其非得已矣。”甲无以应，遂为夫妇如初。破镜重合，古有其事。若夫再娶而仍元配，妇再嫁而未失节，载籍以来，未之闻也。姨丈卫公可亭，曾亲见之。

【注释】

①蹇（jiǎn）剥：时运不济。　②逐什一：泛指商人得到的利润。

先师李又聃先生言：东光有赵氏者，（先生曾举其字，今不能记，似尚是先生之尊行。）尝过清风店，招一小妓侑酒，偶语及某年宿此，曾招一丽人留连两夕，计其年今未满四十。因举其小名，妓骇曰：“是我姑也，今尚在。”明日，同至其家，宛然旧识。方握手寒温，其祖姑闻客出视，又大骇曰：“是东光赵君耶？三十馀年不相见，今鬓虽欲白，形状声音，尚可略辨。君号非某耶？”问之，亦少年过此所狎也。三世一堂，都无避忌，传杯话旧，惘惘然如在梦中。又住其家两夕而别。别时言祖籍本东光，自其翁始迁此，今四世矣。不知祖墓犹存否？因举其翁之名，乞为访问。赵至家后，偶以问乡之耆旧[①]。一人愕然良久，曰："吾今乃始信天道。是翁即君家门客，君之曾祖与人讼，此翁受怨家金，阴为反间，讼因不得直。日久事露，愧而挈家逃。以为在海角天涯矣，不意竟与君遇，使以三世之妇，偿其业债也。吁，可畏哉！"

【注释】

①耆（qí）旧：年高望重的人。

田白岩言：有士人僦居僧舍，壁悬美人一轴，眉目如生，衣褶飘扬如动。士人曰："上人不畏扰禅心耶？"僧曰："此天女散花图，堵芬木[①]画也。在寺百馀年矣，亦未暇细观。"一夕，灯下注目，见画中人似凸起一二寸，士人曰："此西洋界画，故视之若低昂，何堵芬木也。"画中忽有声曰："此妾欲下，君勿讶也。"士人素刚直，厉声叱曰："何物妖鬼敢媚我！"遽掣其轴，欲就火烧之。轴中絮泣曰："我炼形将成，一付祝融[②]，则形消神散，前功付流水矣。乞赐哀闵，感且不朽。"僧闻俶扰[③]，亟来视。士人告以故。僧憬然曰："我弟子居此室，患瘵而死，非汝之故耶？"画不应，既而曰："佛门广大，何所不容。和尚慈悲，宜见救度。"士怒曰："汝杀一人矣，今再纵汝，不知当更杀几人。是惜一妖之命，而戕无算人命也。小慈是大慈之贼，上人勿吝！"遂投之炉中。烟焰一炽，血腥之气满室，疑所杀不止一僧矣。后入夜，或嘤嘤有泣声。士人曰："妖之馀气未尽，恐久且复聚成形。破阴邪者惟阳刚。"乃市爆竹之成串者十馀，（京师谓之火鞭。）总结其信线为一，闻声时骤然爇之，如雷霆砰磕，窗扉皆震，自是遂寂。除恶务尽，此士人有焉。

【注释】

①堵芬木：画家名。 ②祝融：火神，常用作"火"的代名词。 ③俶（chù）扰：骚乱。

有与狐为友者。天狐也，有大神术，能摄此人于千万里外。凡名山胜境，恣其游眺，弹指而去，弹指而还，如一室也。尝云："惟贤圣所居不敢至，真灵所驻不敢至，馀则披图按籍，惟意所如耳。"一日，此人祈狐曰："君能携我于九州之外，能置我于人闺阁中乎？"狐问何意，曰："吾尝出入某友家，预后庭丝竹之宴。其爱妾与吾目成，虽一语未通，而两心互照。但门庭深邃，盈盈一水，徒怅望耳。君能于夜深人静，摄我至其绣闼，吾事必济。”狐沉思良久，曰：“是无不可。如主人在何？”曰：“吾侦其宿他姬所而往也。”后果侦得实，祈狐偕往。狐不俟其衣冠，遽携之飞行。至一处，曰：“是矣。”瞥然自去。此人暗中摸索，不闻人声，惟觉触手皆卷轴，乃主人之书楼也。知为狐所弄，仓皇失措，误触一几倒，器玩落板上，碎声砰然。守者呼：“有盗！”僮仆坌至[①]，启锁明烛，执械入。见有人瑟缩屏风后，共前击仆，以绳急缚。就灯下视之，识为此人，均大骇愕。此人故狡黠，诡言偶与狐方忤，被提至此。主人故稔知之，拊掌揶揄曰：“此狐恶作剧，欲我痛抶[②]君耳。姑免笞，逐出！”因遣奴送归。他日，与所亲密言之，且詈曰：“狐果非人，与我相交十馀年，乃卖我至此。”所亲怒曰：“君与某交，已不止十馀年，乃借狐之力，欲乱其闺阃[③]。此谁非人耶？狐虽愤君无义，以游戏儆君，而仍留君自解之路，忠厚多矣。使待君华服盛饰，潜挈置主人卧塌下，君将何词以自文？由此观之，彼狐而人，君人而狐者也。尚不自反耶？”此人愧沮而去。狐自此不至，所亲亦遂与绝。郭彤纶与所亲有瓜葛，故得其详。

【注释】

①坌（bèn）至：纷至，一齐到来。 ②抶（chì）：用竹板或鞭子打人。 ③闺阃（kǔn）：内室。

董秋原言：有张某者，少游州县幕。中年度足自赡，即闲居以莳花种竹自娱。偶外出数日，其妇暴卒。不及临诀，心恒怅怅如有失。一夕，灯下形见，悲喜相持。妇曰：“自被摄后，有小罪过待发遣，遂羁绊至今。今幸勘结，得入轮回，以距期尚数载，感君忆念，祈于冥官，来视君，亦夙缘之未尽也。”遂相缱绻如平生。自此人定恒来，鸡鸣辄去。嬿婉之意有加，然不一语及家事，亦不甚问儿女，曰：“人世嚣杂，泉下人得离苦海，不欲闻之矣。”一夕，先数刻至，与语不甚答，曰：“少迟君自悟耳。”俄又一妇搴帘入，形容无二，惟衣饰差别，见前妇惊却。前妇叱曰：“淫鬼假形媚人，神明不汝容也！”后妇狼狈出门去。此妇乃握张泣。张惝恍[①]莫知所为。妇曰：“凡饿鬼多托名以求食，淫鬼多假形以行媚，世间灵语，往往非真。此鬼本西市娼女，乘君思忆，投隙而来，以盗君之阳气。适有他鬼告我，故投诉社公，来为君躯除。彼此时谅已受笞矣！”问：“今在何所？”曰：“与君本有再世缘，因奉事翁姑，外执礼而心怨望，遇有疾病，虽不冀幸其死，亦不迫切求其生。为神道所录，降为君妾。又因怀挟私愤，以语激君，致君兄弟不甚睦，再降为媵婢。须后公二十馀年生，今尚浮游墟墓间也。”张牵引入帏，曰：“幽明路隔，恐干阴谴，来生会了此愿耳。”呜咽数声而灭。时张父母已故，惟兄别居。乃诣兄具述其事，友爱如初焉。

【注释】

①惝恍（chǎng huǎng）：若有所失的样子。

有嫠妇[1]年未二十，惟一子，甫三四岁。家徒四壁，又鲜族属，乃议嫁。妇色颇艳。其表戚某甲，密遣一妪说之曰：“我于礼无娶汝理，然思汝至废眠食。汝能托言守志，而私昵于我，每月给赀若干，足以赡母子。两家虽各巷，后屋则仅隔一墙，梯而来往，人莫能窥也。”妇惑其言，遂出入如外妇。人疑妇何以自活，然无迹可见，姑以为尚有蓄积而已。久而某甲奴婢泄其事。其子幼，即遣就外塾宿。至十七八，亦稍闻繁言。每泣谏，妇不从；狎昵杂坐，反故使见闻，冀杜其口。子恚甚，遂白昼入某甲家，剚刃于心，出于背，而以“借贷不遂，遭其轻薄，怒激致杀”首于官。官廉得其情，百计开导，卒不吐实，竟以故杀论抵。乡邻哀之，好事者欲以片石表其墓，乞文于朱梅崖前辈。梅崖先一夕梦是子，容色惨沮，对而拱立，至是憬然曰：“是可毋作也。不书其实，则一凶徒耳，乌乎表？书其实，则彰孝子之名，适以伤孝子之心，非所以妥其灵也。”遂力沮罢其事。是夕，又梦其拜而去。是子也，甘殒其身，以报父仇，复不彰母过以为父辱，可谓善处人伦之变矣。或曰：“斩其宗祀，祖宗恫[2]焉。盍待生子而为之乎？”是则讲学之家，责人无已，非余之所敢闻也。

【注释】

①嫠（lí）妇：寡妇。 ②恫（dòng）：恐惧。

余十岁时，闻槐镇一僧，（槐镇即《金史》之槐家镇，今作“淮镇”，误也。）农家子也，好饮酒食肉。庙有田数十亩，自种自食，牧牛耕田外，百无所知。非惟经卷法器，皆所不蓄，毗卢[1]袈裟，皆所不具；即佛龛香火，亦在若有若无间也。特首无发，室无妻子，与常人小异耳。一日，忽呼集邻里，而自端坐破几上，合掌语曰：“同居三十馀年，今长别矣。以遗蜕奉托可乎？”溘然而逝，合掌端坐仍如故，鼻垂两玉箸，长尺馀。众大惊异，共为募木造龛。舅氏安公实斋居丁家庄，与相近，知其平日无道行，闻之不信。自往视之，以造龛未竟，二日尚未敛，面色如生，抚之肌肤如铁石。时方六月，蝇蚋[2]不集，亦了无尸气，竟莫测其何理也。

【注释】

①毗（pí）卢：放焰口时主座和尚所戴的一种绣有毗卢佛像的帽子。 ②蝇蚋：苍蝇和蚊子。

卷二十四　滦阳续录六

狐能诗者，见于传记颇多；狐善画则不概见。海阳李丈硕亭言：顺治、康熙间，周处士璕薄游楚豫。周以画松名，有士人倩画书室一壁。松根起于西壁之隅，盘拏[1]夭矫，横径北壁，而纤末犹扫及东壁一二尺；觉浓阴入座，长风欲来。

置酒邀社友共赏。方攒立壁下，指点赞叹，忽一友拊掌绝倒，众友俄亦哄堂。盖松下画一秘戏图，有大木榻布长簟[2]，一男一妇，裸而好合；流目送盼，媚态宛然。旁二侍婢亦裸立，一挥扇驱蝇，一以两手承妇枕，防蹂躏坠地。乃士人及妇与媵婢小像也。哗然趋视，眉目逼真，虽僮仆亦辨识其面貌，莫不掩口。士人恚甚，望空指画，詈妖狐。忽檐际大笑曰："君太伤雅。曩闻周处士画松，未尝目睹。昨夕得观妙迹，坐卧其下不能去，致失避君，未尝抛砖掷瓦相忤也。君遽毒詈，心实不平，是以与君小作剧。君尚不自反，乖戾如初，行且绘此像于君家白板扉，博途人一粲矣。君其图之。"盖士人先一夕设供客具，与奴子秉烛至书室，突一黑物冲门去。士人知为狐魅，曾诟历也。众为慰解，请入座；设一虚席于上。不见其形，而语音琅然；行酒至前辄尽，惟不食肴馔，曰："不茹荤四百馀年矣。"濒散，语士人曰："君太聪明，故往往以气凌物。此非养德之道，亦非全身之道也。今日之事，幸而遇我，倘遇负气如君者，则难从此作矣。惟学问变化气质，愿留意焉。"丁宁郑重而别。回视所画，净如洗矣。

次日，书室东壁忽见设色桃花数枝，衬以青苔碧草。花不甚密，有已开者，有半开者；有已落者，有未落者；有落未至地随风飞舞者八九片，反侧横斜，势如飘动，尤非笔墨所能到。上题二句曰："芳草无行径，空山正落花。"（按，此二句，初唐杨师道之诗。）不署姓名。知狐以答昨夕之酒也。后周处士见之，叹曰："都无笔墨之痕。觉吾画犹努力出棱，有心作态。"

【注释】

①盘拏（ná）：形容纡曲强劲。②簟：竹席。

余八岁时，闻保母丁媪言：某家有牸牛[①]，跛不任耕，乃鬻诸比邻屠肆。其犊甫离乳，视宰割其母，牟牟鸣数日。后见屠者即奔避，奔避不及，则伏地战栗，若乞命状。屠者或故逐之，以资笑噱，不以为意也。犊渐长，甚壮健，畏屠者如初。及角既坚利，乃伺屠者侧卧凳上，一触而贯其心，遽驰去。屠者妇大号捕牛。众悯其为母复仇，故缓追，逸之，竟莫知所往。时丁媪之亲串杀人，遇赦获免，仍与其子同里闬[②]。丁媪故窃举是事为之忧危，明仇不可狎也。

余则取犊有复仇之心，知力弗胜，故匿其锋，隐忍以求一当。非徒孝也，抑亦智焉。黄帝《巾机铭》曰：（"机"是本字，校者或以为破体俗书，改为"機"字，反误。）"日中必慧，（按，《汉书·贾谊传》引此句，作"蔓"。《六韬》引此句，作"彗"。音义并同。）操刀必割。"言机之不可失也。《越绝书》子贡谓越王曰："夫有谋人之心，使人知之者，危也。"言机之不可泄也。《孙子》曰："善用兵者，闭门如处女，出门如脱兔。"斯言当矣。

【注释】

①牸（zì）牛：雌牛。②闬（hàn）：泛指门，引申为乡里。

古人祠宇，俎豆一方，使后人挹想风规[①]，生其效法，是即维风励俗[②]之教也。其间精灵常在，肸蚃[③]如闻者，所在多有；依托假借，凭以猎取血食者，间亦有之。

相传有士人宿陈留一村中，因溽暑散步野外。黄昏后，冥色苍茫，忽遇一人相揖。俱坐老树之下，叩其乡里名姓。其人云："君勿相惊，仆即蔡中郎[④]也。祠墓虽存，享祀多缺；又生叨士流，殁不欲求食于俗辈。以君气类，故敢布下忱。明日，赐一野祭可乎？"士人故雅量，亦不恐怖，因询以汉末事，依违酬答，多罗贯中《三国演义》中语，已窃疑之；及询其生平始末，则所述事迹与高则诚《琵琶记》纤悉曲折，一一皆同。因笑语之曰："资斧匮乏，实无以享君，君宜别求有力者。惟一语嘱君："自今以往，似宜求《后汉书》、《三国志》、中郎文集稍稍一观，于求食之道更近耳。"其人面赪彻耳，跃起现鬼形去。是影射敛财之术，鬼亦能之矣。

【注释】

①挹想风规：遥想风范榜样。②维风励俗：维持风化。③肸蚃（xī xiǎng）：散布，弥漫，引申为连绵不绝。④蔡中郎：蔡邕，字伯喈，东汉著名文学家、书法家，蔡文姬之父。

梁豁堂言：有客游粤东者，妇死寄柩于山寺。夜梦妇曰："寺有厉鬼，伽蓝神[1]弗能制也。凡寄柩僧寮者，男率为所役，女率为所污。吾力拒，弗能免也。君盍讼于神？"醒而忆之了了，乃炷香祝曰："我梦如是，其春睡迷离耶？意想所造耶？抑汝真有灵耶？果有灵，当三夕来告我。"已而再夕梦皆然。乃牒诉于城隍，数日无肸蚃。一夕，梦妇来曰："讼若得直，则伽蓝为失纠举，山神社公为失约束，于阴律皆获谴，故城隍踌躇未能理。君盍再具牒，称将诣江西诉于正乙真人，则城隍必有处置矣。"如所言，具牒投之。数日，又梦妇来曰："昨城隍召我，谕曰：'此鬼原居此室中，是汝侵彼，非彼摄汝也。男女共居一室，其仆隶往来，形迹嫌疑，或所不免。汝诉亦不为无因。今为汝重笞其仆隶，已足谢汝。何必坚执奸污，自博不贞之名乎？从来有事不如化无事，大事不如化小事。汝速令汝夫移柩去，则此案结矣。'再四思之，凡事可已则已，何必定与神道争，反激意外之患。君即移我去可也。"问："城隍既不肯理，何欲诉天师，即作是调停？"曰："天师虽不治幽冥，然遇有控诉，可以奏章于上帝，诸神弗能阻也。城隍亦恐激意外患，故委曲消弭，使两造均可以已耳。"语讫，郑重而去。其夫移柩于他所，遂不复梦。

此鬼苟能自救，即无多求，亦可云解事矣。然城隍既为明神，所司何事，毋乃聪明而不正直乎？且养痈不治，终有酿为大狱时；并所谓聪明者，毋乃亦通蔽各半乎？

【注释】

①伽蓝神：保护寺庙的神。

田白岩言：济南朱子青与一狐友，但闻声而不见形。亦时预文酒之会，词辩纵横，莫能屈也。一日，有请见其形者。狐曰："欲见吾真形耶？真形安可使君见；欲见吾幻形耶？是形既幻，与不见同，又何必见？"众固请之，狐曰："君等意中，觉吾形何似？"一人曰："当庞眉皓首。"应声既现一老人形。又一人曰："当仙风道骨。"应声即现一道士形。又一人曰："当星冠羽衣。"应声即现一仙官形。又一人曰："当貌如童颜。"应声即现一婴儿形。又一人戏曰："庄子言：姑射神人[1]，绰约若处子。君亦当如是。"即应声现一美人形。又一人曰："应声而变，是皆幻耳。究欲一睹真形。"狐曰："天下之大，孰肯以真形示人者，而欲我独示真形乎？"大笑而去。子青曰："此狐自称七百岁，盖阅历深矣。"

【注释】

①姑射神人：原指姑射山的得道真人，后泛指美貌女子。

舅氏实斋安公曰："讲学家例言无鬼。鬼吾未见，鬼语则吾亲闻之。雍正壬子[1]乡试，返宿白沟河。屋三楹，余住西间。先一南士住东间。交相问讯，因沽酒夜谈。南士称：'与一友为总角交，其家酷贫，亦时周以钱粟。后北上公车，适余在某巨公家司笔墨，悯其飘泊，邀与同居，遂渐为主人所赏识。乃摭[2]余家事，潜造蜚语，挤余出而据余馆。今将托钵山东。天下岂有此无良人耶？'方相与太息，忽窗外呜呜有泣声，良久语曰：'尔尚责人无良耶！尔家本有妇，见我在门前买花粉，诡言未娶，诳我父母，赘尔于家。尔无良否耶？我父母患疫先后殁，别无亲属，尔据其宅，收其资，而棺衾祭葬俱草草，与死一奴婢同。尔无良否耶？尔妇附粮艘寻至，入门与尔相诟厉，即欲逐我；既而知原是我家，尔衣食于我，乃暂容留。尔巧说百端，降我为妾。我苟求宁静，忍泪曲从。尔无良否耶？既据我宅，索我供给，又虐使我，呼我小名，动使伏地受杖。尔反代彼揿我项背，按我手足，叱我勿转侧。尔无良否耶？越年馀，我财产衣饰剥削并尽，乃鬻我于西商。来相我时，我不肯出，又痛捶我，致我途穷自尽。尔无良否耶？我殁后，不与一柳棺，不与一纸钱，复褫我敝衣，仅存一裤，裹以芦席，葬丛冢。尔无良否耶？吾诉于神明，今来取尔，尔尚责人无良耶？'其声哀厉，僮仆并闻。南士惊怖瑟缩，莫措一词，遽嗷然仆地。余虑或牵涉，未晓即行。不知其后如何，谅无生理矣。因果分明，了然有据。但不知讲学家见之，又作何遁词耳。"

【注释】

①雍正壬子：雍正十年，即1732年。 ②摭（zhí）：拾取，摘取。